Xin ling de
cheng zhang bei nang

心灵的成长背囊

让青少年受益一生的心理训练营

主编/谈朝疆

江蘇鳳凰教育出版社
Phoenix Education Publishing, Ltd

图书在版编目（CIP）数据

心灵的成长背囊 ：让青少年受益一生的心理训练营 / 谈朝疆主编. — 南京 ：江苏凤凰教育出版社，2015.8

ISBN 978-7-5499-5066-9

Ⅰ. ①心… Ⅱ. ①谈… Ⅲ. ①青春期－心理健康－健康教育 Ⅳ. ①G479

中国版本图书馆CIP数据核字(2015)第116998号

书　　名 心灵的成长背囊——让青少年受益一生的心理训练营
主　　编 谈朝疆
责任编辑 刘丹丹　雷利军　李佃云
出版发行 凤凰出版传媒股份有限公司
江苏凤凰教育出版社（南京市湖南路1号A楼　邮编210009）
苏教网址 http://www.1088.com.cn
照　　排 红十月图文设计有限公司
印　　刷 三河市九洲财鑫印刷有限公司
厂　　址 河北省三河市灵山大口
开　　本 787毫米×1092毫米　1/16
印　　张 9.75
字　　数 157千字
版　　次 2015年8月第1版　2015年8月第1次印刷
书　　号 ISBN 978-7-5499-5066-9
定　　价 24.00元
网店地址 http://jsfhjycbs.tmall.com
邮购电话 025-85406265，85400774　短信 02585420909
E － mail jsep@vip.163.com
盗版举报 025-83658579

前 言

教育的目标是要把学生培养成德、智、体全面发展的人。德与智的全面发展，需要以心理健康为基础。

现代中学生心理健康问题是当今教育界和全社会的热点、焦点。因为现代社会变化太快，价值多元化，家庭不稳定，还有各种社会思潮无不影响着中学生的健康成长。适应社会、学校环境对于一些学生来说，已经是十分困难的事情。出现心理问题或行为问题的学生基本上得不到帮助，幸运一些的能得到老师的关心，绝大部分不得不忍受家长和同学的误解和责备，无法和他人交流个人问题，更有甚者休学在家。

本书以处于青春期学生的心理健康为视角，结合时代需要和高中生成长的特点，立足于提升高中生的心理素质和综合能力，促进高中生全面健康发展，分别探讨了这一时期的学生尤其是高中生德与智发展过程中的困惑、疑问及一些具体理论指导下的解决办法。教材在为教师、家长和学生释疑解惑的同时，也可以帮助教师和家长认识处于青春期的孩子、理解在青春期中成长的孩子，同时也是帮助这一时期的学生认识自己、理解他人的实用手册。本书面向高中生，从新时代高中生的心理需求和高中生的入学适应开始，深入浅出地将心理学知识融入到了高中生活的方方面面，介绍了高中生应掌握的心理常识，以及一些行之有效的与学生沟通的技巧和方法。

全书共有八个单元，前面六个单元主要从提高心理素质、构建学生成功心理品质方面进行了分析和阐述，强调“自我意识”“自我激励”“情绪控制”“人际关系”“自我保护”等心理品质对中学生成长的重要性。七、八两个单元以阅读材料为主收集整理了塑造青春期尤其是高中生个性心理品质的方法与策略。在编写的过程中，我们本着科学性和实用性的原则，坚持理论联系实践，密切关注当前中学生的心理热点问题，突出环境适应、自我认知、人际关系、情绪调节、学习心理等内容的介绍。可作为中学开设心理健康课程的教材，也可作为从事中学生心理健康咨询和辅导工作相关人员的参考书。

本书在编写过程中得到了学校领导和全体师生的大力支持和帮助，在此表示衷心的感谢。

本书是编委会的同志们在近十年的教育教学过程中收集和整理了大量的资料，再结合当前高中生的实际情况编写而成的，由于时间仓促和理论水平有限，书中难免会出现一些失误，敬请读者予以谅解。

目 录

第一单元
提高自我意识水平，培养健全人格

那一场令人浮想联翩的聚会

一天下午，某中学高中一年级学生宋艳雨走到她的好朋友黄剑松的座位旁，把他叫了出来，说道："我打算组织一个小型的生日聚会，明天晚上你有时间参加吗？"黄剑松十分愉快地接受了邀请。

宋艳雨与黄剑松是多年的好朋友，两人从小一起长大，黄剑松像大哥哥一样照顾着宋艳雨。一听说宋艳雨要组织生日聚会，黄剑松当然不会拒绝。

第二天下午6点30分刚过，黄剑松就来到了宋艳雨的家。陆陆续续地，宋艳雨的其他几位好朋友也都到齐了，最后到来的是上高二的陈典。黄剑松见过陈典，但彼此不是很熟悉。

几个人聚在一起，有说有笑，现场的气氛十分热烈。但是，黄剑松却感到越来越不自在，大家都争着与陈典聊天，就像众星捧月似的，连宋艳雨都是这样。虽然黄剑松坐在宋艳雨旁边，但每次都是黄剑松主动开口，而陈典坐得比较远，宋艳雨却总是主动地向他问这问那。黄剑松坐在那儿，心中颇感不安：今天晚上，就我和陈典两个男孩子，为什么陈典这么讨人喜欢呢？

黄剑松坐在那儿浮想联翩，就是想不明白。忽然，他眼睛一亮：啊！原来他比我长得帅。

宋艳雨看黄剑松好长时间没有吱声，赶紧问道："你是不是身体不舒服，怎么半天都不说一句话呢？"黄剑松支支吾吾地搪塞了几句，强装笑脸应和道："没有。我是想，这样的聚会多开几次该多好！"大家听他这么说，都显得十分兴奋。陈典也接着说："真是这样，要是多开几次，我一定还参加。"黄剑松感觉更难受了，他觉得陈典说这话仿佛是在嘲笑他。

生日聚会终于结束了，黄剑松如释重负，赶紧回了家。然而，这场聚会成了他心里的一个阴影，总是萦绕在他的心头。

第二天，他见到宋艳雨，总觉得有一种说不清楚的不安。课间休息时，正好遇上了陈典，他更觉得有一丝惶恐，连陈典跟他打招呼他都没有理会。

后来，他总是害怕见到陈典，整天担心陈典会突然出现在自己的面前。同时，他心中还有一丝怒火，非常想骂陈典一顿或羞辱陈典一番。对宋艳雨，他也越来越疏远了。连宋艳雨都弄不明白，为什么黄剑松突然变得越来越神秘了，做什么事情都是一个人单独行动，学习中遇到疑难问题也不与同学商量了，对老师都敬而远之了？

班主任胡老师是一位细心的教师，他看到黄剑松不言不语、心事重重的样子，敏锐地觉察到黄剑松心理上出了问题。

经过胡老师的耐心开导，黄剑松终于答应和他一起到心理咨询中心走一趟。在那里，经验丰富的咨询师最终解开了黄剑松的心理谜团。

黄剑松的这种状况属于异常心理中的自我封闭心理症。黄剑松参加同学的聚会，自感不如陈典帅气，于是产生恐惧与嫉妒心理，并且越来越严重，直到最后害怕见面，甚至害怕与其他人来往，这是典型的由于社交恐惧而形成的自我封闭。社交恐惧和消极的自我暗示导致这种自我封闭心理，对正处于青春期的黄剑松来说，会产生巨大障碍，必须进行积极的心理治疗。

咨询师决定对黄剑松采取冲击疗法与快速脱敏疗法，鼓励黄剑松直接接触导致恐惧焦虑的情景，并且一直坚持到紧张恐惧的感觉消失为止。咨询师还与陈典取得联系，请他对黄剑松的心理治疗工作提供协助。

经过三个多月的心理治疗，黄剑松又能快乐地面对生活了。他与宋艳雨、陈典的友谊更深了。

讨 论

1. 分析黄剑松异常心理产生的根源及异常心理给生活与学习带来的影响。

2. 虚心听取同学对自己的看法。有道是，“当局者迷，旁观者清”。在与同学交往的过程中，要特别注意熟悉的同学对我们的评价和看法，而且，对班级中表现比较突出的同学的看法，我们也要重视。

3. 请班主任或者任课教师为自己指点迷津。老师作为有经验、有知识的长辈，能够为我们正确认识自己提供一些良好的建议，我们应当把老师给我们指出的不足放在心上，并且力求在生活与学习中不断改进。

4. 为了对自己有一个更加明确的自我认识，我们应当填写一份个人档案。

姓名__________ 性别__________

出生年月______________ 体重__________

身高______ 血型______

最爱读的书______________________________

最信赖的人______________________________

最明显的优点或长处__________________________

最明显的缺点或短处__________________________

最大的困惑______________________________

最大的愿望______________________________

最欣赏的人______________________________

最喜欢的格言或谚语__________________________

最喜欢的动物____________________________

用一句简短的话描述自己________________________

____

第1课 自我意识的内涵与结构

欧洲16世纪伟大的思想家蒙田说过："世界上最重要的事情就是认识自我。"

千百年来，人们在探索和改造大自然的同时，也在反复地探索着自身。时至今日，认识自我依然是人们津津乐道的话题。

对我们来说，自我意识的形成与培养将对自己的一生产生重大影响。

一、什么是自我意识

宋代伟大的教育家朱熹说得好，"日省其身，有则改之，无则加勉"。这里的"日省其身"说的就是自己对自己的认识。

自我意识是人们对自己的各种身心状态的全面认识，它是人类意识的一种表现形式，是个性的重要组成部分。通常我们在谈论一个人的生活状况时，比较喜欢使用"身心健康"这个词语。身心包括两个方面，一个是身体情况，另一个则是精神面貌与心理状况。自我意识所反映的内容就同时包括这两个方面。在现代社会中，只有身心两个方面都健康的人才能够更好地适应社会。身体与心理是一个相互作用的统一整体。

从心理学的角度来看，自我意识是指个人对自己各方面感觉、知觉的概括和容纳。其中主要包括个人对自身能力、性格、兴趣、需求的了解，对与周围环境关系的认识，对与他人关系的体会，以及对未来生活目标的认识与评价。

自我意识作为人类特有的一种心理标志，主要有以下四个特点。

1. 自我意识具有自觉性

这是自我意识最为显著的一个特征。人不是机械被动地接受周围环境的影响，而是能够自觉地感受到自己的心理状态。

2. 自我意识具有针对性

自我意识能够使我们把“自我”与“非我”、“主体”与“客体”区别开来。自我意识也会使我们知道自己为什么会哈哈大笑或者愁眉苦脸，同时还能让我们知道如何寻找欢乐，避免烦恼。

3. 自我意识具有社会性

一个人只有处在人类的社会环境中，才能发育成长，并在成长的过程中逐渐产生对周围世界的认识，与此同时也产生对自己的认识，即形成自我意识。

4. 自我意识具有同一性

一般来说，每个人对自身的体质特点的认识，对自己在人生问题上的基本态度，始终保持着协调性与一贯性。

二、自我意识的结构

一般来说，自我意识的表现形式主要包括以下五种。

其一，自我概念。典型问题：我是谁？

其二，自我评价。典型问题：我这个人怎么样？

其三，自我控制。典型问题：我还能坚持多久？

其四，自我体验。典型问题：我是不是一言难尽？

其五，自我理想。典型问题：我的未来是不是梦？

我们通常会在自我概念、自我评价的基础上实现自我调整。经过自我调整以后，我们就会获得一种自我体验：或者感到“柳暗花明又一村”，或者不知道“风朝哪一个方向吹”。无论我们获得肯定性认识还是否定性认识，我们都要对自我意识的结构进行一番仔细斟酌。自我意识的结构可以分为个人自我、社会自我、理想自我三个层次。

1. 个人自我

个人自我指每个人对自己身上各种特征的认识，总体来看，指两个方面：一是身体特征，二是心理特征。具体来说，主要指个体意识到自己的身体特征、生理状况、心理活动、心理品质以及个人特点。

2. 社会自我

社会自我主要指对自己与外界客观事物相互关系的认识与感受。社会自我一般包括角色意识、群体意识和道德意识。

角色意识又可分为角色地位意识、作用意识与形象意识。群体意识是人类合群性的必然要求。道德意识是社会自我灵魂。

3. 理想自我

理想自我就是自己所希望达到的理想标准。其实，从小时候起，我们就在为自己的理想不断奋斗。虽然前进的道路充满未知，但我们依然痴心不改，这是为什么？就是因为在我们的心中，有一个理想自我的形象等待我们去塑造，这个自我形象能够使我们在跌倒之后重新站起来。

第2课 如何提高自我意识水平

一位心理学家曾说过："一个自我意识尚未觉醒的人，不是一个完整意义上的人；一个自我意识不成熟的人，不是一个真正健全的人。"可见，一个人自我意识水平的提高是何等重要。

那么，我们该如何提高自我意识水平呢？

首先，要正确认识和评价自我。我国古代谚语"人贵有自知之明"，就是在强调拥有自我认识的必要性。所谓自我认识，不只是对自己某一方面的一般性了解，而是对自己各方面有一个系统的、真切的和深刻的了解与认识。一个人对自己的认识愈全面，愈接近实际，也就愈成熟。

在自我认识的基础上，我们还要对自己做出恰如其分的评价，既要看到自身的优点和长处，又要看到自身的缺点和短处，自我评价既不能过高，也不能过低。一个人只有对自己做出比较准确的自我认识和自我评价，才可能对自己进行比较切实的自我设计，才能有所长进。

然而，一个人进行自我认识和自我评价并不是只需要进行单纯的内心反省，还要按照社会性的尺度来考察自己、认识自己、评价自己。俗话说得好："不怕不识货，就怕货比货。"一个人只有把自己放在与他人的关系中去考察、认识，才能得出比较客观、正确的结论，才能找准自我的坐标点。这就要求我们在集体生活中与其他成员进行多角度、多方面的比较，不光是学习状况，还有品德面貌、身体状况、性格意志、心理品质乃至潜在的工作能力等，通过比较和对照，全面反映出自我的真实状况。有一位从一般中学考入重点中学的学生，刚进高中时对重点高中的教学方法和学习节奏很不适应，学习成绩与其他同学相比，差距很大，一度产生悲观情绪。班主任老师鼓励他努力寻找与其他同学在学习态度和学习方法上的差距，以此确定自己的学习目标。后来，该生的学习成绩虽有起伏，但他能不断地在与其他同学的比较中找出自己的不足，以正确的自我认识来评价自己，明确了自己努力的目标与学习方法，并向班中其他同学学习。自高二起，这位学生的学习成绩开始稳步上升，逐渐升到班级前列。另外，积极参与集体活动及与同龄人交往，也是自我认识和自我评价的一条重要途径。通过集体活动以及人与人之间的交往，能够培养自己的自尊心和自信心。当我们获得自尊和自信时，也就能够同样对自己产生一个比较正确的自我认识和评价。

其次，要提高自我调控能力。处于青春期的我们虽然独立意识增强，但由于年轻，缺少社会生活经验，情绪往往波动易变，这就会使自己对自我的认识和评价呈现不稳定性，时而肯定自我，时而又否定自我，从而在情感上出现较大的波动，这就需要我们不断提高自我调控能力。提高自我调控能力，首先要调控自己努力的方向，在此基础上制订出阶段性的努力目标和切实可行的行动计划，并通过对这种阶段性目标实现与否的总结分析，来正确认识和评价自己。如原定目标能够顺利且较轻松地达到，则说明自己还有潜力，就可以把下阶段的目标定得再高一些。如情况相反，则可以将努力的目标定得更切合实际一些。这种适时的调节可以使自己的努力目标与期望目标相对适应，避免出现情绪上大的波动，以致于产生自我否定的情绪。与此同时，我们还要学会正确对待挫折，提高耐挫能力。在学习成绩下降时，或因为种种原因产生焦虑、消极情绪时，可采用轻松法、转移法、宣泄法等来减轻内心的压力，并将消极情绪转化为奋发进取的动力。当然，在获得了某一方面的成绩而开始沾沾自喜时，我们也要注意控制自己的情感。

总之，青春期是一个人自我意识发展的重要时期，我们要比较准确地认识自我，比较恰当地评价自我，从而形成比较切实的自我设计。同时，在实施自我设计的过程中，我们要依据自我体验，不断调整自我认识，以达到不断完善自我的目的。

第3课　自我意识的偏差及应对措施

英国伟大的戏剧家莎士比亚说过："青春像夏日清晨，充满欢乐和生机勃勃。"然而，像热血一样沸腾的青春有时也显得冒失和鲁莽，还会夹带着一丝忧郁。

确实如此，青春无比烂漫，却也无比辛酸。青春期给人的生理带来巨大变化，也给人的心理带来强烈冲击。特别是对自我概念的理解会直接影响到我们自我意识的健全。

闭锁自守、妄自尊大和茫然无措，都是对自己的一种错误认识。闭锁自守会使人变得唯唯诺诺、谨小慎微；妄自尊大会使人变得狂妄自傲、目空一切，最终变得无知而愚蠢；茫然无措会使人变得消沉颓废，极有可能陷入自责悔恨的泥潭中不能自拔。

一、自我封闭及应对措施

1. 自我封闭的主要表现

第一，坚守"内心秘密"。

在人际交往中，我们不再像从前那么坦率，也不轻易向别人吐露自己的真情。

有一位上高中一年级的女孩在被母亲偷看了她的日记后，差点跳河自杀，其原因就在于她觉得自己的秘密被别人发现了，从而感到自己的心理已经被别人洞察。其实，她在日记中写下的话语都是人在青春期会正常用到的一些言词。她有一段文字是这么写的：有一个女孩，名叫“失意”，这么多年都找不到知己，她面对茫茫无边的天地，只能寻寻又觅觅。

第二，拒绝与他人交往。

有很多封闭意识比较严重的青少年对任何人都不信任，对谁都怀有一种深深的戒备心理。“画虎画皮难画骨，知人知面不知心”，他们甚至是这样看待别人的。

第三，与异性关系疏远。

青少年处于人生的一个敏感时期，男女青少年之间只要稍有接触，就会引起周围同伴的躁动，就会遭到嘲笑、讥讽，甚至会引起随意起哄的现象。这对那些自我封闭的青少年而言，简直是一种耻辱，他们会逐渐疏远异性朋友，即使是童年时代亲密无间的异性朋友，往往也会被他们拒之千里。

第四，出现自卑心理。

随着自我封闭的日渐深入，自卑心理便随之而来了，二者是相辅相成的。自我封闭必然会导致自卑心理的出现，自卑心理反过来又会使自我更加封闭。

自卑心理的产生与外界的社会评价息息相关。每一个人，尤其是青少年需要来自于他人的肯定，外界的这种肯定会进一步强化他们的信心；失去了这种肯定，他们就会怀疑自己存在的价值。著名数学家华罗庚上小学时数学成绩一直都不太好，老师和同学都对他给予了消极的评价。当时，他也认为自己在数学方面确实是没有天分的。直到有一天，他解答出一道连老师都做不出来的习题，才逐渐转变了对自己的那种认识。经过多年的努力拼搏，他终于摘下了数学王冠上的明珠。

2．应对措施：开放自我

只要敞开心扉，真诚地投入到火热的生活之中，我们就会发现头顶上的天空是如此的湛蓝、身边的微风是如此的轻柔。树叶始终落向大地，候鸟将向南方归去，我们也终究要投入到生活的怀抱中去。

第一，真诚地展现自我。

面对封闭的自我，不必惊慌失措，循序渐进地融入周围的环境，让自己周围的亲人朋友切实地感受到我们的变化。用自己的本来面目去正视生活，完全不需要担心那样会暴露自己的缺点与不足。要记住：人非圣贤，孰能无过？金无足赤，人无完人。

展现自我就意味着把自己的真情实感表现出来，过分的谦虚其实是虚伪的一种表现，过分的掩饰则说明自己底气不足。在任何情况下，突破自我封闭最能取得成效的方法就是主动开放。

第二，宽容地对待他人。

有一位哲人说过："我们自己把世界看错了，反倒说世界错了。"

宽容就是对别人无私的爱。爱心是沙漠中最后的那一滴水、春天里最初的那一抹绿。

宽容地对待他人，我们就会发现，把自我封闭起来是多么愚蠢。封闭自我其实是在浪费自己本来就很短暂的生命，封闭自我会让自己丧失对他人给予关怀的美好机会，也会让别人无法温暖我们的心怀。

第三，调控自卑心理。

（1）全面客观地看待自己与别人。

（2）转移自己的注意力。

人为什么会自卑？就因为总是固执地把眼光盯在自己的弱点上。如果将注意力转移到最能够显示自己才能的活动中，就能够强化自己的优势，从而增强自信心。这种方法被称为"优势转移法"。

还有一种是"目标转移法"。首先，寻找一件自己有把握又很快能够完成的事，成功完成后便去体验其中的喜悦；然后，再去寻找另一个目标，通过努力实现又会获得一份成就感。

（3）利用优势进行补偿。

通过取得某一方面的成就或者在某一方面获得成功去补偿自己在另一方面的缺陷。比如，自己的相貌不太好看，完全可以通过在学习上取得优异的成绩去增强自身的竞争力。

（4）采用精神驱逐法进行自我调控。

一定要让自己安静下来，可以练习书法、打坐，或者欣赏诗歌。总之，要让自己的心沉静下来，使自己的注意力高度集中。

想象自己正位于一座高山顶峰，自己的身体与心灵都变得十分宽广，仿佛能容纳整个宇宙。一切焦虑与痛苦都被自己心中的意志赶出了精神世界，自卑感自然也成为被驱逐的对象。

二、自我狂妄及应对措施

1. 自我狂妄的主要表现

第一，自我理想化的色彩比较浓厚。

自我狂妄者往往对自己提出极高的要求，并且力求给别人留下一种印象：看，我的理想多么远大！

自我狂妄者通常是自我理想化的人，他们要么鄙视困难，要么埋怨困难，从来不会认真地想办法去克服困难。从这层意义上讲，他们忽略了现实的生活条件，远离了真实的自我。

自我狂妄者所拥有的那种盲目自大的心理根本就不是自信心。由于这种盲目的自大没有一种合理的约束力，他们的生活就变得毫无目的，同时也丧失了本来就很脆弱的自信心。

自我狂妄者往往生活在自己用语言与意念建造的“空中花园”中，极力地鼓吹自己的才能，仿佛悬置于空中的气球一样，一旦天气发生变化，随时都有发生爆炸的可能。

第二，喜欢指使他人，容易造成人际冲突。

自我狂妄者对自己的认识总是显得那么激进，他们坚决认为自己非常完美，能力非常强，自己所关注的问题是世界上最重要的问题，一般人根本理解不了。

第三，有很强的嫉妒心。

对自己的过分迷恋，等同于对别人的忽略不计。

自我狂妄者常常由于自以为是而无法接受别人的优点，无法面对别人比自己强的客观现实，因而，在面对他人的优点时，内心总是充满了嫉妒，显得气量狭小、心胸狭窄。

2．应对措施：学会关爱别人

第一，不要以自我为中心。

自我狂妄者总是渴望自己能够获得持久的关注和赞美，这是一种十分错误的想法。要想获得别人的关注，必须要勤奋学习、努力上进，用自己的成就来证明自己确实值得赞美。

第二，懂得关爱的艺术。

用爱心去温暖他人就像阳光能够融化冰雪一样。生活中最简单的关爱就是处处为别人着想、关心别人，特别是当别人需要你伸出援助之手的时候。关爱别人与关爱自己其实一点也不矛盾，只有真诚地去关爱别人，才能够达到关爱自己的目的。只要你真心地关爱别人，别人就会用同样的关爱来回报你，而你还会获得别人的尊敬。

第三，矫治嫉妒。

一个埋头苦干的人，是没有功夫去嫉妒别人的。因为嫉妒是一种游荡的情绪，心存嫉妒的只是闲人。

写过《神曲》的意大利著名诗人但丁说过，嫉妒、骄傲与贪婪是人间的三大灾星。

嫉妒既会毁坏别人，也同样会毁坏自己，它是一种比仇恨、敌视还要强烈的恶劣情绪。嫉妒会使自我狂妄者把朋友当作对手，使自己更加孤单。

矫正嫉妒，首先，要尝试着与他人进行真诚的沟通。用一种平和的眼光、舒畅的心怀去接近你周围的人。其次，要保持内心平衡，学会自我安慰。最后，可以试着找一个适当的场合，发泄一下自己内心的愤懑情绪。

三、自我迷失及应对措施

1．自我迷失的主要表现

第一，找不到统一的自我。

自我迷失者通常是茫然无助地看着周围发生的一切变化。他们混乱的心理状态使他们在面对不同的规划时，很难把自己拼凑起来，也就很难对自己形成一个统一的认识。

自我迷失者为了保全自己的面子，通常会机械地模仿他人的一言一行，将自己真实的体验、愿望统统地掩藏起来。无论生活情境如何变化，他们依然我行我素。

第二，人格的多重化。

由于自我迷失者通常是被动地、身不由己地去扮演各种角色，所以他们永远也不能真正地进入角色。因此，他们不得不抑制自己最初的设想和体验，在社会交往中长期感到孤单与落寞。

第三，放纵任性。

寻找不到真实的自我，也就不自觉地逐步淡化了自我意识。随着岁月的流逝，自我意识也就消失得无影无踪。自我迷失者对自己身心内外事物之间的各种联系根本没有太大的知觉，他们常常不负责任地放纵情感、任意行事。

第四，疑虑重重。

自我迷失者通常缺乏表达自己真实感情的能力，对生活总是退缩逃避，表现出一定的社会焦虑，但同时又宁愿独自承受、忍辱负重。在这种状况下，他们在遇到问题时，往往显得疑虑重重。

2. 应对措施：找回自己

第一，明确地认识自己所承担的社会角色，并且按照角色的要求承担相应的责任与义务。

第二，真实地表达自己的情感。不要以为自己的喜怒哀乐会遭到别人的嘲笑，每个人都不会拒绝或者讽刺一个对他真心的人。最重要的是，要呈现出一个完整的自我。

第三，借助一定的艺术疗法。培养有意义的兴趣和爱好，如唱歌、跳舞、绘画等。对着镜子放声歌唱，和着音乐的节拍翩翩起舞，用画笔描绘出自己内心的感受，慢慢找回自己。

第4课　如何培养健全人格

人格，一般指性格、气质能力、兴趣、爱好等个体心理特征的总和，是个体总的精神面貌。其中，气质、性格、能力是基本的部分。气质是一个人在反应的动力、紧张度和均衡性方面的天然行为特点；性格是稳定的个性心理特征和个体的社会行为特征；能力是完成某种活动所必须的心理特征，是个体心理特征的综合表现。人格，古希腊语中解释为“面具”，就如同我国京剧中的脸谱一样，红脸表示忠诚勇敢，黑脸表示豪爽正直，白脸表示奸诈虚伪。在社会生活中，人格主要用于评价人的道德品质，或作为权利、义务的主体资格。在心理学中，人格与个性是同义词，两者的含义大体上是一致的。

千差万别的人格，是于先天生物学差异的基础上，在一定的社会文化背景的影响下，通过不断的社会实践而形成的。不同社会、不同文化背景中生活的人，人格特征不同。儒家思想为主的中国文化影响下的中国人，谦虚、重人情、重权威、克己、中庸；西方文化影响下的美国人，以自我为中心、喜欢表现自我、热爱竞争、追求新异。不同家庭对人格形成的影响也是不可忽视的，知识分子家庭的子女容易表现得拘谨有礼、重文轻做；在不完整家庭中成长起来的子女常多疑、敏感、忧郁、粗暴。人格与遗传的关系，主要反映在体态、性格、智力的相似上。

拥有健康人格的人应是体力与智力、知识与道德、性格与才能、理性与直觉等诸方面获得高度和谐发展的人；是具备独立、宽容、开朗、谨慎、坚韧、自制、合群等优秀品质的人；是拥有创造性、高度的自主性、对新事物的敏感性、崇高的理想、真诚的爱和牺牲精神等优秀品质的人。一个人的人格，可以说是他全部生活经历的缩影，是从幼年到成年，经过不断的培养，在不断的社会实践中形成的。人格的核心和第一标志是自我同一性，即自我意识的形成和发展，成人感的出现。这些是在初中阶段开始形成、发展，在高中阶段定型、成熟的。所以，青春期是健康人格形成的关键期，我们要把握这个最佳时期，努力追求和形成健康完美的人格。

培养健全人格，就要努力学会独立的生活，自己管理自己；让自己生活在快乐之中，学习微笑，尽可能愉快地生活；对人友善，不苛求别人，对生活充满信心；形成良好的生活习惯、合理的生活态度；要学会培养成功型的个性；善于了解情况，判断选择目标；有勇气、仁慈、尊重、自信，能够自我接受；掌握适应家庭、学校、社会生活的本领，克服自我中心；学会修正失败型的个性，消除挫折、绝望、不安全、孤独、错用的攻击性、犹豫不决、怨恨、空虚等个性因素；学会消除自我压抑的个性，善于寻求内心的宁静；保持适当的成功心理，享受积极、充实的人生。

小结

中国有句俗语，叫作“人贵有自知之明”，此话意味着认识自己是一件不容易的事情。青少年时期是生理与心理都会产生强烈变化的时期，是苦苦寻觅自我的时期，也被称为“自我的第二次诞生”和“自我的发现时期”。青少年时期的核心任务是解答“我是谁”的问题。这个问题解答得好坏，直接影响着青少年的身心健康和今后的发展方向。本课通过对“自我意识”的涵义、结构、特点和形成阶段的全面论述，力求使青少年能够正确认识自我，避免出现自我意识的偏差。

自我意识是我们每个人对自己身体和心理的一种认识，也是我们对自身以及自己与周围环境相互关系的认识、体验和监督。

自我意识是人类特有的心理标志，它具有自觉性、针对性、社会性与同一性四个特点。

处在青少年时期的人天真烂漫、生机勃勃，却也夹杂着冒失、鲁莽和忧郁的个性。有人自我封闭，独自进入一个落寞的世界；有人自我狂妄，趾高气扬地激荡自己的情感；有人自我迷失，在人生丛林中晕头转向。凡此种种，都是在自我意识发展中出现了偏差。要想矫正偏差，就必须培养正确的自我意识。

我们要提高自我意识水平，培养健全人格，就要做到以下几点。

培养谦虚谨慎、沉着稳重、凡事三思而后行的品质和习惯；培养广泛的兴趣和爱好，使自己的生活内容更充实、更丰富，视野更广阔；培养活泼开朗的性格，保持乐观的精神和稳定愉快的心境；培养坚强的意志和顽强的毅力，胜不骄，败不馁，勇于克服困难，争取胜利；培养实事求是的精神，以积极的态度去正确处理生活和工作中的矛盾；培养爱祖国、爱集体的精神，积极参加学校活动，与同学、朋友保持密切的关系，团结友爱，乐于助人；培养崇高理想和高尚情操，树立科学的人生观、世界观，使自己朝着正确的方向前进。

心理训练营

一、正确地认识自我

训练主题：人贵有自知之明

训练内容：

1．客观地评价自己的相貌。将外表与心灵结合起来进行评价。人的心灵是世界上最美丽的花朵，唯有心地善良、品德高尚的人活得最幸福。

2．愉快地接纳自己。在这个世界上，我们都是独一无二的，天生的样貌是社会给我们的礼物；而我们将成为什么材料，这是我们给社会的礼物。

（1）早晨起床后，就要下定决心，要在愉快中度过这一天。

（2）夜晚睡觉前，要勇敢地接受自己一天来的所作所为，要以一种轻松的心情进入梦乡，并且相信明天早晨的空气一定会更加清新。

3．正确地分析自己的优点与缺点，一定不要只接纳自己的优点，而不接纳自己的缺点。

4．要确信失败会让自己更加清醒。其实在大多情况下，是我们自己打败了自己。

5．一定要记住，我们不可能赢得每个人的喜欢。拍马奉承，小心谨慎，希望被他人喜欢，其结果只能是失望、空虚。如果我们对别人在每一件事上都言听计从，就永远找不到真正的自我，甚至，别人反倒会看不起我们。我们应当坚持四条原则：

（1）别人不喜欢我们，甚至反对我们，都没有关系，我们只需要做到不伤害和不利用别人就好。

（2）有些人不喜欢我们，那是他们的事，不应该把责任推到我们的身上。

（3）我们的价值并不取决于别人的认可程度。

（4）有些人不喜欢我们，或许是因为我们长得特别像一个曾经伤害过他的人，所以我们根本不需要为此伤神。

二、有效地控制自我

训练主题：三思而后行

训练内容：

1．保持良好的情绪。欣喜若狂和过分忧郁不仅会破坏自己的心情，也会让别人感到不知所措。心情不好时，我们可以这么做：

（1）与最好的朋友聊天。当然，最好别说那些令朋友也扫兴的话语。

（2）安安静静地欣赏一首歌，如《莫斯科郊外的晚上》这种富有韵味的歌曲。我们完全可以沉浸在那悠美的旋律中，然后用热水洗一把脸，看一眼窗外的蓝天。

（3）与父母一起打一会儿羽毛球，最好让自己出一身汗，然后去洗个热水澡。

（4）背诵一段文章或者一首诗。

2．适当地调整一下自己的行为方式，不要让自己的思维固定在一个狭小的空间里，也不要把自己的行为变得非常模式化。

（1）改变自己拖拖拉拉的习惯。例如，作业按时完成，理完头发后再去学校，背完今天的单词后再去休息，没有理解的文章段落要立即去问老师，星期六的同学聚会一定要准时参加。

（2）千万不要强迫自己去仓促地完成一项工作，那样会使我们的眼界变得狭窄，从而很难享受到多样化的生活。

（3）把自己一段时间或者一天内要完成的事情进行归类，并且将它们记下来，按照重要性依次进行排队，大致估算一下做完每件事所要花费的时间。记住：每做完一件事，就在纸上划掉一项。

3．培养自己坚强的意志。人世间许多障碍其实是我们自己设置的，我们要鼓足勇气越过所有的障碍。

（1）今天的事今天就去完成，别去寻找借口为自己的懒惰推卸责任。

（2）学习就如同跨栏，如果不抬脚，栏杆就会被踢倒，从而变成我们的绊脚石。

（3）马上就要期中考试了，英语单词还没有背完，应该感到难过吗？不应该。我们应该立即行动起来，从现在开始背单词。

（4）千万别后悔，后悔只会消磨我们的意志。我们应当把后悔变成反思，用智慧去总结自己的成功与失败。

三、乐观地完善自我

主题：快乐是一种精神

训练内容：

1．保持一个年轻化的头脑，我们可以从以下几个方面入手：

（1）养成爱学习的习惯，并且掌握一些行之有效的学习方法，一定要注意提高学习效率。

（2）养成爱劳动的习惯。对待劳动要有一个正确的态度，并且要经常地亲自动手参加劳动。

（3）培养自己多方面的兴趣，比如乒乓球、集邮、旅游等，不要对周围的事物漠不关心、视而不见。

（4）尽量不使用安眠药，即使睡不着，也不要着急。只要心情平静，自然就能睡着。

（5）尽量活动手腕、脖子。画家、书法家的长寿与手腕的经常活动有着一定的关系。

2．确立正确的理想。正确的理想会让我们具备坚韧不拔、百折不挠的精神，以积极奋发的人生态度，去迎接生活中任何一次暴风雨的来袭。

（1）远期的理想与近期的目标应当尽量保持一致。

（2）理想依靠行动才会实现。

（3）理想不等于十全十美。

（4）最好把理想转化为我们做任何事情的一种动力。

3．注意加强自己的道德修养。

（1）多读一些中国古代传统的美德故事。比如，陶渊明不为五斗米折腰的故事让我们懂得人格的可贵；管仲与鲍叔牙的故事让我们知道君子的心胸多么宽广。

（2）在人际交往中，应该严格、自觉地恪守那些有益于社会进步的行为规范。

（3）千万不要欺软怕硬。要与人为善，尊重所有人的合法权益；要敢于与坏人做斗争，在斗争时要讲究策略。

第二单元
加强自我激励，实现人生梦想

我是拿破仑

有一个法国人，42岁了仍一事无成，他自己也认为自己简直倒霉透了。离婚、破产、失业……他不知道自己的生存价值和人生意义。他对自己非常不满，变得古怪、易怒，同时又十分脆弱。

有一天，他看到一个吉普赛人在巴黎街头算命，他就随意过去试一试。

吉普赛人看过他的手相之后，说："您是一个伟人，您很了不起！"

"什么？"他大吃一惊，"我是个伟人，你不是在开玩笑吧？"

吉普赛人平静地说："您知道您是谁吗？"

"我是谁？"他暗想，"是个倒霉鬼，是个穷光蛋，我是个被生活抛弃的人！"

但他仍然故作镇静地问："我是谁呢？"

"您是伟人"，吉普赛人说，"您知道吗，您是拿破仑转世！您身体里流的血、您的勇气和智慧，都是拿破仑的啊！先生，难道您真的没有发觉，您的面貌也很像拿破仑吗？"

"不会吧……"他迟疑地说，"我离婚了……我破产了……我失业了……我几乎无家可归……”

“哎，那是您的过去。”吉普赛人说，“您的未来可不得了！如果先生您不相信，就不用给钱好了。不过，5年后，您将是法国最成功的人啊！因为您就是拿破仑的化身！”

他表面装作极不相信地离开了，但心里却有了一种从未有过的自信感。他对拿破仑产生了浓厚的兴趣。回家后，他想方设法找与拿破仑有关的书籍来学习。渐渐地，他发现周围的环境开始改变了，朋友、家人、同事、老板，都换了另一种眼光、另一种表情面对他。事情开始顺利起来。

后来他才领悟到，其实一切都没有变，是他自己变了：他的胆魄、思维模式都在模仿拿破仑，就连走路、说话都像。

13年以后，也就是在他55岁的时候，他成了亿万富翁、法国赫赫有名的成功人士。

讨 论

1. 自我激励让“拿破仑”产生了哪些变化？

2. 在为理想奋斗的过程中，除了勤奋、刻苦，我们还需要做什么？

第1课　自我激励的含义

自我激励，顾名思义就是自己激发、鼓励自己的意思。

激励的含义，在心理学上主要指激发人的动机，是使人具有一股内在的动力，朝向所期望的目标前进的心理活动过程。

临床表明，一个人没有受激励时，仅能发挥其能力的20%～30%；而在受到激励时，其能力可以发挥到80%～90%。创业过程必须是一个自我激励的过程，否则，即便有完善的个性，而缺乏前进的动力，也很难实现创业目标。

每个人活着，都有自己的梦想。每个人都希望有一个美好的未来，每一个青少年都有自己的理想和目标，那么，如何让理想变为现实呢？没有热情、没有干劲、没有动力、没有斗志昂扬的精神是不行的，因此，自我激励非常重要。

在实现梦想的过程中，明确适当的目标，能让我们的努力有方向。正确的人生目标是人生的发展前提，目标是奋斗的方向、行动的依据。成功的人需要制订实事求是的目标，一个个小目标的实现能为大目标的实现奠定坚实的基础。

宋代伟大词人苏轼说过：“人之精力，不能兼收尽取，但得其所欲求者尔。故愿学者每次作一意求之。”执着的信念，能成为为人生目标奋斗的驱动力；自我激励， 能鼓舞人不屈不挠地去奋斗，使自己的信念在生活中得到证实。

第2课 自我激励的手段和方法

前面说了那么多，那么“自我激励”到底有哪些手段和方法呢？它们分别是刺激法、幻想法、榜样法、精神支柱法、自我暗示法、立志法、报答法、座右铭法等。

一、刺激法

刺激法是利用外界环境来刺激大脑，使自己兴奋，获得继续前进的动力。

“天无绝人之路”“车到山前必有路”这些话都可以用来刺激我们。我们都听说过勾践卧薪尝胆的故事。吴越是中国古代春秋后期的两个大国，彼此之间经常发生战争。公元前496年，吴国攻打越国，吴王阖闾受伤而亡。他的儿子夫差即位，发誓要为父报仇。公元前494年，吴国军队在会稽山大败越军，越王勾践忍辱求和。勾践回国后，日夜苦思复仇，为激励自己，他将苦胆挂起来，躺卧于柴草上，时时品尝苦胆，并对自己说：“你忘了会稽之耻吗？”困乏时，他以辣蓼草刺激眼睛，天寒时，把脚泡在冷水里，冬天抱冰，夏日持火，以此磨砺自己。公元前475年，勾践终于率军灭了吴国，以雪前耻。从这个事例中，我们看到，勾践以苦胆来刺激自己，用国耻来提醒自己，使自己磨砺出坚韧的性格，最终复仇成功。

二、幻想法

幻想法是让自己对成功产生幻想，幻想成功后拥有的喜悦，从而努力去奋斗，使幻想得以实现。

大家一定不会忘记“望梅止渴”的故事。曹操带兵走到一个没有水的地方，士兵们渴得很，曹操骗他们说："前面有一片很大的梅树林，梅子很多，又甜又酸。"士兵们听了，都流出口水来，不再喊渴。还有一个事例是讲一艘叫"詹姆斯"的海轮在海上遇到海难，只有七个人活了下来。杰克逊身上的水壶成了他们生命的唯一保障。在途中，杰克逊说："不到最危险的时刻，不能喝水。谁喝就毙了谁。"途中，道格拉斯几次夺过水壶，但都被杰克逊身上的枪吓住了。第五天晚上，他们都昏倒了，这时来了一艘救生艇，把他们救了。结果让人吃惊的是，那只壶是空的，而枪是杰克逊送给儿子的玩具枪。还有一个关于中国台湾地区著名人士曾灿灯的故事。他申请中山奖学金时，与他一起报名的有二三百人，而最终只能录取一名。他就对自己说："很抱歉，你们碰到我，你们就没有希望了。"这些故事中的主人公都对成功抱着必胜的幻想，而这也确实激励他们走向了成功。

三、榜样法

生活中需要激励，当然也少不了榜样。榜样在生活中对我们起的作用太大了。小时候，老师就要我们向榜样学习。因此，雷锋、张海迪等都成了我们的榜样。我国古代伟大的史学家、文学家司马迁，在青壮年时期就曾经游历全国各地，以接触社会、体察民情、考察史迹。同时，他还向今文家董仲舒、古文家孔安国及父亲司马炎请教各种知识。后来，他继承父职做了太史令，阅读了国家珍藏的许多古代文献。在此基础上，他开始禀承父志，撰写《史记》。正当司马迁专心著书的时候，发生了李陵事件。司马迁秉公直言，触怒了汉武帝。为了完成《史记》的写作，司马迁强忍屈辱、痛苦和愤懑，以孔子、孙膑、屈原等古人在困厄中奋发有为的事例自勉，发愤著书，终于完成了《史记》这部文学、史学的伟大著作。如果司马迁没有以孔子等人为榜样去发奋著书，或许中国就会少一本巨著、少了一位伟人。

四、精神支柱法

精神支柱法就是在精神即将垮掉的时候，想一想自己的幸福生活、身边亲人对自己的爱、朋友对自己的关心，等等。这样一想，精神就能重新振奋起来。

生活中，父母是我们的支柱；学习中，老师是我们的支柱；而连续四年状告一位拥有巨大财富和势力，并且正在竞选市议员的美国银行家，直到在美国的法庭上取得最后胜利的曲小雪，她的支柱就是一颗强大的中国心。

五、自我暗示法

拿破仑·希尔说："一切的成就都始于心理暗示。"这里的心理暗示也是自我激励的重要手段。

著名作家史铁生在最意气风发的年纪患了高位截瘫，他曾经苦闷过、悲观过，甚至想到过死。可是，后来他想通了：困境不可能没有，艰难不可能彻底消灭，生命具有巨大的魅力和意义，它使我们在困难中知命。就是通过这样的心理暗示，史铁生坚强地走出了悲观的泥潭，成为中国文坛一代名家。从他身上，我们看到了心理暗示的作用。自我暗示——这根帮人从生命低谷走向巅峰的拐杖曾帮助过无数处在逆境中的挣扎者走向成功。被甲型脑炎病毒折磨的高士其成了著名的作家，患了运动神经细胞病的霍金驾着"理想之船"驶进了神秘的宇宙，一个又一个的奇迹被这种神奇的方法创造着。

六、立志法

众所周知，伟大的周恩来总理在少年时就立下远志：为中华之崛起而读书。在这一志向的激励下，他发奋读书，远涉重洋，求得救国真理。在日后的工作中，他始终不忘当年之志，为"中华之崛起"殚精竭虑、无私奉献。一句自勉之言，让他终生为国奔劳。可见，自我激励在人的一生中有着举足轻重的作用。

唐朝的玄奘法师，一直刻苦钻研佛学。他发现各名家对佛学的解释说法不一，就决心到佛教发源地印度取回真经。他在大漠中走了100多里地后，迷了路，喝水时又将装水的大皮囊掉在地上，水全流光了。在这紧要关头，玄奘默默发誓：宁可西进而死，决不东归而生，不到印度，誓不回头。于是，他又向西走了5天4夜。白天热风如火，晚上寒风如刀，他滴水未进，口干唇焦，晕倒在沙漠中。半夜，凉风把他从昏迷中吹醒，识途的老马驮着他找到了一个池塘，他才脱离了险境。后来，他翻越终年积雪的大山，又几次从盗匪刀下脱险，终于在第2年到达印度。

玄奘正是利用立志法来激励自己战胜艰难险阻，最终达到了目标。

七、报答法

1995年8月12日晚，在上海外滩陈毅广场录制的《综艺大观》直播节目中，青年钢琴家封颖演奏的钢琴协奏曲《黄河》令观众赞不绝口。封颖曾获得香港国际钢琴公开赛一等奖、法国国际钢琴比赛青年组第一名等殊荣。封颖5岁时，父母发现她有弹钢琴的天赋，就为她请了家教教她弹琴。为了把孩子塑造成女钢琴家，他的父母变卖所有家具，花了8000元为她买了一架钢琴。母亲为了让她安心学琴，每天上下课来回接送她8次。封颖也很心疼父母，觉得自己应该用成绩来报答父母，不断以此激励自己。就这样，封颖最终取得了辉煌的成就。

八、座右铭法

座右铭法即用名人的话或古训来鞭策、激励自己，走向成功。例如，在课桌或墙上贴几句名言，并认真遵守。

冯长根就是利用座右铭法激励自己的。1975年刚开始读大学的22岁的冯长根实际文化程度只有初中一年级。在此之前，他曾下乡插队4年。成了大学生后，他得用3年的时间读完初高中、大学9年的课程。他把“笨鸟先飞”作为自己的座右铭，时刻提醒自己要努力。他为了学好英语，把单词写在小纸条上，走路或在食堂排队打饭时一张张念。为了节约时间，他常在教室里啃馒头、嚼咸菜。这种刻苦自励的学风一直维持到他在英国利兹大学读博士的时候。他的博士论文被利兹大学评为“1982－1983年度最佳物理化学博士论文”，冯长根的名字永远被列在了该校图书馆墙上的荣誉榜上。

名闻世界的著名发明家爱迪生由于小时候生的一场病，耳朵失聪了。他的座右铭是：做自己无愧于心的事，决不能被人所左右。一次，他和盲聋作家海伦·凯勒相见，爱迪生说：“耳聋其实并不坏，它在你身旁建立了一道屏障，谁都无法打扰你。”海伦不以为然地说：“如果我像你一样是个发明家，我一定要发明一种让所有失聪者都能恢复听觉的玩意儿。”爱迪生却幽默地说：“我认为这样的发明是瞎耽误工夫，因为他人所说的话听不听都一样”。正是因为爱迪生面对自己的生理缺陷，以一种乐观积极的态度去对待，并以不变的座右铭作为自己前进的动力，心无旁骛，以最高的热情投入到工作中，才取得了如此高的成就。人的一生不可能一帆风顺，人生之路不可能永远铺满鲜花。当不幸的冷箭一支支射向我们的时候，我们应找准自己的坐标，以意志为船，以座右铭为桨，在怒涛风浪中大展雄才，意气风发，扬帆远航！

一定要学会自我激励。它将成为我们向人生巅峰攀登过程中一根最好的手杖，它让我们在跌倒后有再爬起来的机会，在偃旗息鼓后有重振旗鼓的可能，在心灰意冷时有再试一次的勇气。每一次的心理暗示，都是心灵的超脱；每一次的座右铭激励，都是灵魂的升华；每一次的榜样激励，都是精神的飞跃。不管以后的生活会怎样考验我们，不管以后的日子会给我们出怎样的难题，我们都要紧握自我激励的法宝，披荆斩棘，勇往直前，迎接生命中每一个美丽的日子！

第3课 自我激励的有关注意事项

（1）自我激励是指自己用各种手段来激励自己，让自己从失败中站起来，走向成功。

（2）自我激励是人类特有的心理标志。在失败或受到挫折时，人可以靠自我激励来鼓舞自己，走向成功；动物则不可能自我激励，动物只能适应环境，而不能靠自我激励来战胜环境。

（3）自我激励的特点是自己激励自己，而不是靠他人或他物来激励自己。

（4）自我激励被许多人误认为是自我安慰，然后毫不进取。比如，考试考得不好，便分析种种客观原因来安慰自己，而不去想自己的主观原因，这是自我激励过程中最容易出现的问题。应对方法就是，在受挫折时，多分析主观原因，多总结经验教训，努力使下次成功，而不能仅仅靠安慰自己了事。

（5）自我激励不是过分自责。许多人在自我激励的时候过分自责，认为自己太笨，过分低估自己，认为自己与成功无缘，便越来越消沉，无法取得成功。这也是自我激励过程中容易出现的问题。应对方法就是要自信，相信自己，永不放弃争取成功。失败一次算什么，从头再来才算是真英雄。

（6）自我激励不是形式，不是口号，而要付出实践。不付出实践是不可能成功的。只有真正找出失败的原因，激励自己前进，才能迈向成功。

自我激励并不意味着一定能取得成功，但用好的方法激励自己，能使自己取得成功的机会大一些，所以我们应该掌握自我激励的手段。

小结

虽然有很多通过自我激励实现人生梦想的案例存在，但关于自我激励的作用，仍然存在许多争议。

问题一：有人说：“自我激励不一定有效，有时候反而会产生负面效果，把人引入歧途。”

这种看法其实是不对的。产生这种看法的原因，主要是对自我激励的认识不够准确。正确的自我激励是，我们在自己的学习和工作中屡屡失败，理想实现不了，而这个时候，我们会想到某个伟人的亲身经历，然后从中受到一定的启发，获得一定的动力。在这种激励下，我们会奋斗下去，直到成功。

而另一种人则是在精神十分空虚的时候，想到并崇拜明星。他们迷恋明星的形象，甚至幻想自己就是明星，用明星的一举一动来“激励”自己，也使自己获得一种“动力”，而这其实是使他们误入歧途的引诱力。从结果看，这种行为根本不符合自我激励的概念，只是一种盲目崇拜、盲目模仿的行为。

问题二：有人说：“自我激励就等于自我安慰，没多大意义。”

什么是自我安慰？打个比方，考试成绩极差，对自己说：“差就差呗，又不会死人。”什么是自我激励？在同样的情况下，懂得自我激励的人会对自己说：“这次差不等于下次也差，我一定好好努力，下次一定考好！”

由此看来，两者是不同的，自我激励是对自己的一种鼓励，有一种积极向上的情调，而自我安慰就只是为了摆脱自己悲痛的心情。

总之，自我激励是一种十分有效的成功心理学手段。为了我们学业的成功、事业的腾飞，自我激励应当引起我们足够的重视。在学习成绩停步不前，甚至后退的情况下，我们不能自暴自弃、悲观、绝望，而应该想到爱迪生发明灯泡时也是经过数百次失败才成功的。我们应该时刻对自己说一句话：“不经历风雨，哪里见彩虹。”总之，我们要相信，自我激励就是通向成功的桥梁。

心理训练营

积极地暗示自我

主题：我相信我能，我就能

训练内容：

1. 善于自我调节大脑的功能。万万不可让大脑总是处于疲劳状态。

2. 相信自己已经休息好了。

（1）假如你失眠了，就对自己说：“平静些，我一定能睡得很好。”不要说：“唉！今天睡不好，明天肯定没精神。”

（2）假如你生病了，就对自己说：“医生的医术这么高，吃完药，我一定会恢复健康。”不要说：“唉！我怎么会得上这种病呢？一时半会儿是好不了了。”

3．拒绝说没有办法。当你遇到一件十分令人头疼的事情时，不要愁眉苦脸，应当认真思考解决问题的方法。不要敷衍了事，不要害怕麻烦，不要把时间浪费在犹豫与担忧上。

4．要与思想积极、性格开朗的人交往。选择朋友一定要慎重，要选择那些乐观爽朗、干劲十足、肯负责任的人做朋友。只有这样，才能使自己经常处于一种积极和谐的氛围之中，从而在不自觉的状态下提高自己的心理暗示能力。

第三单元
注重情绪控制，保持乐观心态

大志的烦恼

某天上课的时候，张老师给学生分发数学测验卷。张老师说：“这次的测验成绩整体来说很好，大部分同学的分数都在110分以上，也有一些同学取得了140分的好成绩。不过仍有个别同学不及格，希望他们能加倍用功，到期末考试时，成绩能有所提高。”高大志（化名）从张老师的手中接过他的测验卷，安静地回到座位上。正当他战战兢兢地翻开卷子时，分数却被邻座的小李看到。小李很不客气地提高嗓门，讽刺地说：“志气再高也没用，长这么矮，考的分数也这么少。”高大志这次只得了70分，心情本来就已经很差，听到小李的嘲笑后，他的情绪突然失控，把小李狠狠地推倒在地，并且不断挥拳打他。小李想不到高大志会有这样的反应，在完全没有心理准备的情况下，只有呼叫老师。张老师转身一看，高大志正在殴打小李，随即用坚定的声音大声地说：“高大志，立即停手！”这声音虽然震撼了整个班，但是并没有让高大志停下来。一直到张老师走向他们，这场殴打才结束。小李除了被高大志打了十几拳之外，戴的眼镜也被打掉在地上摔碎了。

高大志今年17岁，但是个子矮小。他又是插班生，来了只有一个多月。两年前，高大志跟母亲从江西老家来深圳跟父亲团聚。早些年由于工作及经济的关系，高大志的父亲只好把妻儿留在乡间生活，独自来到深圳工作，近几年经济状况好转，才把高大志母子接到身边。高大志来到深圳后，由于成绩差，留级一年，重读高一，但在班中，他的学习成绩依然经常落后于其他同学，因此他常感到自卑。又因为他长得比较瘦小，班里同学常把他的身高和学习成绩当做嘲笑的对象，这让他十分愤怒。他将这些事情告诉父亲，父亲却告诉他凡事要忍耐。然而，他的忍耐不仅无济于事，还助长了同学进一步嘲笑他的气焰。有一次，他实在忍不住了，便和同学打起架来，结果被记过一次。过了两周，他又因被同学嘲笑而与人打起来，于是被老师扣了操行分数。一个月前，他与父亲商量后，刚转到目前这所学校读书，没想到又出现了同样的问题。

讨论

1. 大志的问题是什么？他该如何看待这些问题？
2. 如何调适生活中出现的不良情绪？你能否想出一些好的方法？
3. 学校和老师对这件事的处理有没有问题？你觉得怎样处理比较妥当？

第1课 情绪概述

一、情绪的定义

情绪是人对客观事物是否符合自己的需要与愿望、观点而产生的体验，是人的需要得到满足与否的反映。现实中有些事物使人兴奋、喜悦；有些事物使人忧愁、悲伤；有些事物使人赞叹、喜爱；有些事物使人惊恐、厌恶。这些主观感受或体验就是情绪。情绪是人们生活中一刻也不能缺少的。能满足人的需要或符合人的愿望、观点的事物，就会使人产生愉快、喜爱等肯定的情绪体验；不符合人的需要或违背人的愿望、观点的事物，就会使人产生烦闷、厌恶等否定的情绪体验。

1．最常见、最原始的情绪

一般认为，喜悦、愤怒、恐惧和悲哀是最基本的原始情绪。

（1）喜悦。喜悦是在期望的目的达到后，紧张状态随之解除时的情绪体验。喜悦的程度取决于愿望得到满足的层次，从满意、愉快、欢乐到狂喜，渐次增强。

（2）愤怒。愤怒是由于目的和愿望不能达到，甚至一再受到阻碍，从而产生的情绪体验。愤怒的程度从不满、生气、愠怒、愤怒、大怒、暴怒，渐次增强。控制愤怒的情绪对每个人来说都很重要。长寿老人的共同经验之一是乐观、不动气。德国哲学家康德曾说过："生气是拿别人的错误惩罚自己。"

（3）悲哀。悲哀是因失去所盼望、追求的东西或所爱的人而引起的情绪体验。悲哀的程度从遗憾、失望到难过、伤心、悲痛、哀痛，渐次增强。悲哀造成的紧张情绪的外部释放就是哭泣。哭泣对健康有利，可释放积压的痛苦，而强忍眼泪是不符合心理卫生要求的。有人认为悲哀的泪含有毒物质，排除后有利于身体健康。

（4）恐惧。恐惧是企图摆脱、逃避某种情境的情绪体验，是由于缺乏处理或摆脱可怕情境的能力造成的。奇怪、陌生、反常等情绪体验都可能引起恐惧。

2．对情绪的理解存在的一些误区

误区之一：生气、愤怒、悲伤是不对的，应该抑制自己的情绪，更不能让别人看出来。

情绪是人的主观感受，本身没有对错之分。当情绪产生，尤其是激烈情绪爆发时，过分压抑情绪往往会适得其反，给自己带来更大的伤害。许多得暴病的人都是因为过分压抑自己的情绪造成的。因此，对自己任何情绪的出现都应该采取接纳的态度，也不必担心别人的看法。总在乎别人怎么看自己，是一种不自信的表现。

误区之二：为什么要控制自己的情绪？只要高兴，我就要大喊大叫；只要生气，我就要大哭大闹，我只要自己痛快就行。

我们说，尽管情绪是主观的感受，不应被压抑，但是产生情绪的原因是我们看待事物的信念和态度。情绪的表达是要受到客观环境的约束的。高兴得忘乎所以、大喊大叫，既可能影响他人的情绪，也可能由于失去理智而导致乐极生悲。产生生气的情绪是不可避免的，但一味地大哭大闹、歇斯底里，往往会使事情更糟糕，造成的后果也更严重。因此，当我们准备表达情绪时，一定要采取合适的方式，既能疏导自己的情绪，又能使问题得到积极解决。

误区之三：我对别人说自己的烦恼，岂不是承认自己不行，所以，我宁可自己闷着，也不告诉任何人。

消除不良情绪的主要方式之一就是积极疏导自己的消极情绪。找人倾诉是缓解内心压力、消除孤独感的重要途径。向自己的亲人或好友诉说自己的烦恼，既可以得到感情的支持，又可以从他们的安慰和劝解中找到解决问题的方法。人都有脆弱的一面，当我们把心事向好友吐露时，说不定会因此增加彼此的信任，而互相成为更知心的朋友。

3．情绪与认知态度的关系

我们认为，影响一个人情绪的原因不是事件本身，而是对于这件事的看法和解释。例如，甲、乙两个人一起在校园里散步，迎面碰到二人都熟识的同学丙，但丙未与二人打招呼而径自离去。这一事件引起了甲、乙二人的注意，但二人对此事件的评价却不同。甲认为，丙可能在想自己的事，没有注意到他们；乙则认为，丙不理睬他们是不友好的表现，甚至进而想象：丙因为考试考好了，就目中无人了。想法不同的两人所产生的情绪反应自然也不同：甲认为这件事没什么，因而情绪很平静；乙却愤愤不平，认为丙瞧不起自己，因而对丙心怀怨恨，情绪起伏不平。由此可以看出，导致甲、乙二人不同情绪反应的，不是丙没理睬他俩这件事本身，而是二人对事件所持的不同想法。甲对人持宽容的态度，这使他情绪平静，少受负面情绪的干扰；而乙苛求于人，这种态度易导致负面情绪的产生，使他的情绪常常起伏不平。

一般来说，当人的愿望得到满足时，会产生满足、自豪、喜悦等愉快的情绪；当人的愿望得不到满足时，会产生失望、自卑、焦虑、伤心等低落的情绪。但是我们也会看到，对同一件事，每个人的情绪体验是不同的。比如，当考试成绩发下来时，同样是75分，有的同学会兴高采烈，有的同学却垂头丧气，而有的同学则非常平静。这难道是分数在作怪吗？非也！其实这是由每个人对这个分数的认知态度不同造成的。高兴的同学可能由于成绩及格、不会受父母责骂而轻松愉快，难过的同学则可能认为这个分数没有达到自己的目标而闷闷不乐，而情绪稳定的同学则可能认为自己的实力本就如此而不会有太多的情绪反应。

可见，对事物产生任何情绪体验并不取决于事物本身，而取决于我们认识事物的态度。受到老师的批评，有的同学会积极改正自己的错误，并且对老师的教诲心存感激；有的同学则郁郁寡欢，认为老师从此不喜欢自己了；有的同学却心生怨恨，认为老师是故意刁难自己，让自己难堪。这些情绪的产生都是由认识事情的态度不同造成的。

因此，我们要保持轻松愉快的心情，维持良好的情绪体验，就应该学会用积极的人生态度看待事物。

4．情绪对身心健康的影响

情绪作为情感的表现形式，是人对于客观事物是否符合自己的主观需要而产生的态度体验。

情绪具有两极性，往往表现为肯定(积极)或否定(消极)两种对立的性质。肯定的情绪具有增力作用，可以增强人的活动能力，使人精力充沛、注意力集中、思维敏捷，从而有利于提高实践活动的效率。否定情绪具有减力作用，可以减弱人的活动能力，使人意志消沉、注意力分散、思维迟钝，从而降低人的实践活动的效率。

良好的心情会使我们眼中尽是蓝天，心中充满温暖，学习富有乐趣，生活轻松愉快。我们都知道“笑一笑，十年少”，只有保持积极乐观的情绪，才能发现生活的乐趣所在，充分体验到年轻的心如何潇洒、自信。

相反，不良情绪对学生的身心发展都有很大的危害。

不良情绪主要有两种，一是过度的情绪反应，一是持久的消极情绪。

（1）过度的情绪反应包括狂喜、暴怒、悲痛欲绝、反应过于迟钝、无动于衷、冷漠无情等强烈反应，这往往是由一些重大的生活事件引起的。这种过度情绪如果得不到疏导和缓解，可能会导致精神障碍或生活适应不良。

（2）持久性的消极情绪，指在引起忧、悲、恐、怒等消极情绪的因素消失后，主体很长时间沉溺在消极状态中不能自拔。比如，中考失败后，多数同学能够很快从失败的阴影中摆脱出来，去追求新的生活目标，而有的同学却从此对生活失去信心，变得抑郁、消极，失去了学习动力和生活方向，甚至影响到身体健康。

可见，不良情绪对我们的身心发展造成的后果是弊多利少的。尤其对于生活经验并不丰富、耐挫能力不是很强的中学生来说，不良情绪如果得不到及时的关注和疏解，会使心智发展受到阻碍。如果不良情绪的干扰使我们错过了心智成长的关键时期，我们的一生都会受到影响。保持良好的情绪状态，有意识地排除和抵御不良情绪的侵扰，是我们身心健康发展的重要保证。

二、情绪成熟的标准

情绪对人的发展影响较大。心理学家赫洛克提出了情绪成熟的四条标准。

（1）能保持健康。自己能控制因身体疲劳、睡眠不足、头痛、消化不良、疾病等引起的情绪不稳定。

（2）能控制环境。不是想干就干，而是先预料后果，再采取行动。

（3）把情绪的紧张消解到无害的方面。不是压抑情绪，而是将情绪转变，升华到社会性的高度。

（4）能够调查、理解社会。

日本青年心理学家关中文提出了情绪成熟的两个标志。

（1）在客观评价自己的基础上控制一时的情欲和欲求，忍耐不满情绪。

（2）能够设计现实生活。

对于中学生来说，情绪成熟更具体地表现为：情绪的基调是积极、乐观、愉快、稳定的；对不良情绪具有调节、控制能力；情绪反应适度。

三、不良情绪产生的原因

生活并不总是一帆风顺的，月缺月圆、离合悲欢总是交替地发生着，而烦恼、忧愁、气愤、抑郁等消极情绪也会时常光临我们看似快乐、简单的中学生活。

我们产生任何不良情绪，都与当时所处的情境有关。造成不良情绪的因素是多种多样的，归纳起来主要有两大类。

（1）客观因素。

促使产生不良情绪的客观因素主要分为自然和社会两方面。

自然因素是指由于自然的或物理环境的限制，个体的动机不能获得满足。如生病时不能去上学，亲人的分离，洪水、火灾等自然灾害的降临等人力所无法抗拒的事件，这些都会使人产生不同程度的消极情绪。

社会因素是指人在社会生活中所受到的人为因素的限制，这些限制会使人产生消极的情绪。这其中包括政治、经济、民族习惯、社会风尚、道德法律、文化教育等多种因素。如学习课程与个人兴趣的冲突，家长、教师的教育方法与学生的性格不符而产生矛盾，使个人的兴趣、特长不能得到发展和发挥，从而产生明显的不良情绪。

（2）主观因素。

由内在的主观因素引起的情绪波动包括两类。一类是由于个人的容貌、身材、体质、能力、知识的不足等因素，使自己不能达到所要追求的目标而产生情绪波动；另一类是由于个人不同的追求目标之间产生冲突，使需要不能得到满足而产生的不良情绪。如在同一时间内，某学生既想准备会考，考上重点中学，又想参加市篮球比赛，以实现夺冠军的梦想，但事实是“鱼与熊掌不可兼得”，必会顾此失彼，在心理上产生难以取舍的冲突情绪。

第2课 中学生常见的情绪困扰

一、自卑

自卑是自我情绪体验的一种形式，是个体由于生理或心理上的缺陷或其他原因所产生的对自我认识的态度体验，表现为对自己的能力或品质评价过低、轻视或看不起自己、担心失去他人尊重等心理状态。

中学生的自卑表现：

（1）过低地评价自己。对自己的能力没有客观的认识，总是过低地估计自己，过高地看待他人，从而认为自己事事不如人。自我评价过低是自卑的实质所在。

（2）过于敏感。有自卑感的学生往往对自己的不足和别人对自己的评价很敏感，常把别人与自己无关的言行看成是对自己的轻视。

（3）容易泛化。有自卑感的学生常常将自己的某一个缺点扩大化。比如，某同学的外语不好，曾被老师在课堂上批评，于是，他就认为所有的老师都不喜欢自己，同学也看不起自己，从而不敢向老师问问题，甚至失去学习的兴趣和与同学交往的勇气。

中学生产生自卑感的原因有很多。从客观环境看，由于中学生学习压力增大，家长、教师对学生不断增高的期望和要求有时超越了学生自身的能力，使学生每天生活在竞争、受督促、受批评的环境中，久而久之，就产生了认为自己不行的悲观情绪，形成自卑感；从内在原因看，自卑是中学生自我意识发展和自我评价不当的结果。中学生的自我意识正处于形成阶段，开始对自己的外貌、能力、言行举止以及他人的评价给予较多的关注，同时也产生了一定的自我期望。由于自我期望常高于现实自我，二者发生冲突的结果是认为自己的能力过低，产生自卑感。

二、焦虑

焦虑是一种复杂的、综合性的、负性的情绪，是人们在社会生活中，对可能造成心理冲突或挫折的某种事物或情境进行反应时的一种不愉快的情绪体验。

中学生产生焦虑的原因：

（1）学习上的不适应。随着年级的升高，学习压力越来越大，竞争也越来越激烈，尽管学习刻苦但并不能取得好成绩，或总不能令父母、老师满意，总是担心不能考上好学校，因此对以后的学习生活和前途感到忧虑不安，每个学生都不同程度地有过焦虑的情绪体验。

（2）考试焦虑。俗话说："分儿，分儿，学生的命根儿。"考试对所有的中学生来说都是一件意义非凡的事情。得了高分可以实现自己的理想，得到老师、同学、家长的称赞，能够满足自己的自尊心和自信心。但是，想取得一个好的分数并非易事，殊不知千军万马，只有一条独木桥可走，而落水者众多。于是，担心考试"落水"就成了大多数学生的心病，越到考试临近，反应越激烈。

（3）对身体健康的过分关注。随着身心不断发育以及高强度的脑力劳动，我们常会对自己的身体状况产生忧虑。许多同学总是自感身体不适，得一点小病就担心影响自己的将来，害怕失去健康。过分焦虑就会使得有些同学常感到疲倦，甚而导致失眠、精力不集中。

（4）人际交往的不和谐。同学与同学之间交往发生矛盾，学生与老师交往中的冲突，学生与家长交往中的不愉快都会引起焦虑不安。

三、抑郁

抑郁是一种常见的情绪困扰，是因感到无力应付外界压力而产生的消极情绪，常常伴有厌恶、痛苦、羞愧、自卑等情绪体验。人人都有过抑郁的体验，大多数人的体验时间很短暂，但也有少数人长期处于抑郁状态，形成抑郁症。

情绪抑郁主要表现为情绪低落、思维迟缓、郁郁寡欢、万事无趣、缺乏活力、不愿意参加社交活动、对生活缺乏信心、体验不到生活的快乐，还可能伴有失眠等症状。

抑郁多是由于成绩落后，找不到自己在集体中的位置，与家长、教师出现冲突等人际关系不和等原因造成的。

四、易怒

容易发怒是中学生常见的一种消极情绪。由于中学生正处于热情高涨、富有激情的时期，有时情绪难以控制。再加上，现在多是独生子女，父母的关注和宠爱使得有些学生任意发泄自己的情绪而不懂得控制，往往为一句不顺耳的话、一件不顺心的事，就暴跳如雷或出口伤人。

易怒是中学生容易违反校规的原因之一。我们非常重视友情，但由于容易激动，一言不和就情绪高涨、恶语伤人，甚至拳脚相加。发怒之后，面对残局，又常常后悔。

易怒既与性格有关，又与生活习惯、自我约束能力、学习心境等方面的因素有关。

第3课 不良情绪的危害及调适方法

不良情绪对人的生理、心理健康都有很大的危害。生理学家发现，人在恐惧和悲痛时胃黏膜变白，胃酸停止分泌，会引起消化不良；而焦虑、愤怒、怨恨时，胃黏膜充血，胃酸分泌增多，又可导致胃溃疡。当前，许多疾病如心脏病、高血压、胃炎等，都是由于人们长期处于情绪不良的状态中得的。

不良情绪对中学生的影响是巨大的，有的同学可能会因为受不良情绪的干扰而失去上好学校的机会，以致前途受到影响；有的同学由于长期沉溺于焦虑、抑郁、自卑的不良情绪里而最终患上神经症，不仅影响了正常生活，还对自己的家庭造成极大的伤害。

这些不良情绪能改变或消除吗？当然可以。有很多方法和技巧可以改变我们的思维定势和生活态度。

一、控制自己的情绪

1．认识自己的情绪类型

乐观型：乐观多于沮丧，即使碰到伤心事，也不会陷得太深，总把事情往好处想，一般都是“吃得香，睡得着”。

悲观型：与乐观型正相反，平常时就多愁善感，碰到一点小事就灰心丧气、浮想联翩，容易忧虑。

例如，同样是面对桌上的半杯水，乐观的人会说：“杯子的一半是满的。”悲观的人则会说：“杯子的一半是空的。”面对人生的诸多挫折、难题，正确的对策是尽力去解决它，要学会发现事物的积极面，保持乐观的情绪，要像杜甫所说的：“欲除烦恼须忘我，各有姻缘不羡人。”愁眉苦脸、焦虑心烦必是百病丛生的前奏。

2．了解自己的情绪周期

每个人的情绪状态都是有波动的。

（1）当处在情绪高峰期时，我们会较少焦虑，身体的活力、胃口和睡眠状态都达到最佳状态，即使有破坏情绪的事情发生，也能一笑了之。

（2）当处于情绪低落期时，我们会觉得世界都是灰蒙蒙的，没有什么能激起自己的兴趣，开始变得多愁善感，对事物特别敏感。

（3）当情绪处在中间状态时，我们能表现得积极客观、情绪平稳，处理问题恰当而顺手，可以做出比较成熟的决定。

（4）情绪周期一般在童年时期建立。想一想自己的情绪周期是什么情形，下决心减少不良情绪周期的频率。

3. 掌握自我交谈的方法

当我们心情不好时，可以对自己说：

“虽然我生气，可是身体最重要，我还是先吃饭吧。”

“我太饿了，可是不能吃过量。”

“我生病了，需要好好休息，等病好了再补课也来得及，现在着急也没用。”

“我不想再想那些烦人的事了，我希望睡个好觉，明天才能精力充沛。”

“我要变成快乐、活泼的女孩。”

“从现在起，我要面对现实，想些实际的东西，不再拖延时间。”

“我可以战胜恐惧。”

“我知道对别人发火并不能解决问题，我以后应该注意。”

“我要学会自我控制，我相信自己能够做到。”

二、培养自己的乐观情绪

一位名人曾说过：“成功是98%的汗水加2%的天分，而乐观是使你坚持下去的动力。”他提出的保持乐观的9条要诀，可能会对我们产生积极的意义。

1.有意识地确立目标

找到有把握成功的小目标，并为之努力。

2. 做好准备工作能使我们获得信心

考试之前要做好备考的各种准备，包括钢笔、铅笔刀等都要准备好。要了解实现目标会受哪些外部因素的影响。

3. 假设自己已达到目标

体会一下成功的感受，并表现出来（可以在上学的路上或入睡前进行）。

4. 要有一个心理安全带

做事之前设想一下可能出现的最糟的结果，并做出对策和应变计划，这样，在遇到挫折和失败时就不会茫然失措、陷入情绪的低谷。

5．自我养生

激励自己完成一项漫长而艰巨的工作，将它分成若干步骤去进行，每完成一步就奖励一下自己。比如，制订一年的英语学习计划，每天背一定数目的英语单词。每个星期可以奖励自己一次，遇到困难时，可以提高奖品的价值。

6．置身于成功和乐观的人群中

成功与乐观的情绪是能够互相感染的，反之，悲观的情绪也一样。与其同悲观的情绪相伴，不如同乐观的人在一起，感受生活的快乐与幸福。

7．不要试图摆脱消极的念头

接受它们，然后用下一项工作取代之。否认悲观情绪的存在只会使它再度出现。

8．保持身体的协调

每周3到5次，每次30分钟的室外锻炼，是消除紧张情绪的好办法。

9．良好的外表能使我们感到自信

良好的外表能增加我们的自信心与别人对我们的信任。

三、改变自己的消极情绪

1．期望值要适中

我们在确定目标、对预期结果进行设想时，要注意不要把期望值定得过高，要把各种不利因素充分考虑进去，留有一定的余地。这样的目标，经过努力，我们就能够实现，并有可能超过。如果我们把目标定得太高，则往往容易失望，这实际上是跟自己过不去。但也不能把期望值定得过低，因为目标过低不利于激发自己的斗志。

2．在逆境中学会自我调适

人处在逆境中，要学会保持心理平衡。要认识到，事情已经发生，任何忧愁哀伤都不能改变事实，并且没有任何实际意义。应该从多种角度看待逆境，逆境未必就一定是坏事，重要的是自己仍然充满希望。

3．学会宣泄消极情绪

许多人在遇到不愉快的事时，或心情不佳时，常闷不做声，不肯把自己的不快告诉别人，这样很不好。情绪就像洪水，只有疏导才能真正解决问题，压抑或阻止都是糟糕的做法，其结果往往是于他人无益，于自己更有害。主动向亲近的人倾诉自己的心里话，是宣泄情绪的好办法，情绪好转了，许多事情也就解决了。

4．尝试用乐观情绪冲淡消极情绪

认识到了消极情绪的危害，就应当有意识地避开消极情绪。当它出现时，可以有意地多想一些高兴的事，自觉地用乐观情绪来代替悲观情绪。乐观情绪调动起来就会逐渐让大脑皮层一直处于兴奋状态，可以逐渐淡化消极情绪。

四、保持心理平衡

美国心理卫生协会提出了10个保持身心健康的的要诀。

1．不对自己过分苛求

每个人的能力都是有限的，承认自己也会犯错误，能够吸取教训就行，不必太自责。

2．对他人的期望不要过高

许多人总把自己的标准强加于别人身上，若别人做不到，就会感到大失所望，倍感不平。其实，每个人都有自己的价值观及行为方式，应当尊重别人按照自己意见行事的自由，苛求别人的结果只能是自寻烦恼。

3．疏导自己的愤怒情绪

人在愤怒达到高峰时，理智会被抛到脑后，会做出很多傻事，事后会后悔不迭。因此，有意识地控制自己的愤怒情绪是很重要的。

4．偶尔要屈服

大丈夫能屈能伸，自己不会永远是对的，世界也永远不会只按照自己的意愿运转，因此，在与人冲突时，有原则的退让常能改变尴尬的局面，自己也能获得心理上的平静。

5．暂时避让

对于不能立刻解决的问题，可以缓一缓，先去做别的事，这样可以缓解失败的情绪。

6．找人倾诉烦恼

把所有的抑郁埋在心里，一定会使自己不堪重负，如果倾诉出来，心情便顿感舒畅。

7．为别人做些事

帮助别人不但能使自己忘却烦恼，而且还可以确定自己的价值，更可以获得珍贵的友谊。

8．在一定时间内只做一件事

心理学家发现，忧虑、精神崩溃等疾病的主要原因是精神负担过重。同时要处理好几件事，既会增加思想压力，也会因精神高度紧张而出现焦虑情绪，所以，尽量不要一心二用，以免弄得心力憔悴。

9．对人要表示善意

与人为善，多交朋友，心境自然会平静，关爱别人也是关心自己。

10．娱乐

消除心理压力的最好方式是娱乐，它可以使人的精神得到放松。虽然中学的课程很紧，但也别忘了找点时间好好放松一下。

五、学会积极的自我暗示

所谓积极的自我暗示，也就是用积极的思想、语言不断提示自己，克服悲观、沮丧的心情，使精神振奋。如当我们生病时，可暗示自己：“我相信医生，相信我有抵抗力，疾病是暂时的，我会很快好起来。”“这药很好，吃了一定会恢复健康。”正确的态度、乐观的情绪、坚强的意志会使药物发挥较好的疗效，也能调动我们体内的潜力，使我们很快恢复健康。

人具有自我暗示和接受暗示的功能。暗示能治病，也能致病。消极的自我暗示，会因影响正常心理功能而致病。例如，有一个人听说，看见双头蛇的人会生病。一天，她恰巧在田地里看见了两条蛇的头扭在一起，大惊，心中开始犯嘀咕：“真倒霉，肯定要生病。”结果，她真生了一场大病。社会学家默顿于1984年曾提出预言自动实现原则，他认为人们具有一种自动促使预言实现的倾向，这是自我暗示心理起了很大的作用。所以，进行积极的自我暗示，可以使人逐渐摆脱消极情绪的影响。当心烦失眠时，如果我们总想着“真烦人，又失眠了，明天肯定没精神”，就会更加心烦意乱，越急越睡不着，第二天精神一定不好。如果对自己说：“平静些，我一定能睡好。”然后随着呼吸默念“松”“静”二字，便能身心放松、酣然入睡。

总之，积极的自我暗示，就是要自我鼓励、自我安慰，使心理状态得到自我调整、自我平衡，一定不要自暴自弃，给自己施加不良影响。

小结

情绪体验是人们生活中一刻也不能少的。喜怒哀乐的情绪变化，会对青少年身心健康产生很大的影响。良好的情绪会使生活充满乐趣。相反，不良情绪则会导致身心疾病的发生。中学生中常见的不良情绪包括自卑、焦虑、抑郁、易怒等。认识到不良情绪的危害之后，应该找到调适不良情绪的方法，包括控制自己的情绪、培养乐观情绪、改变消极情绪、保持心理平衡、学习积极的自我暗示、增强自信心等。

心理训练营

对自己说一些利于自我放松的话，并默默体会，可以帮助人们学会自我控制、自我松弛。以下是自我放松暗示语，同学们可以照着操练一番。

1．我在休息。“我摆脱了一切紧张情绪。我在放松，我感到轻松自如，我是平静的，我是平静的。我什么也不期待。我在摆脱压力和紧张情绪。全身都放松了，我感到轻松和愉快。我在休息，我在休息。”

2．腿脚的肌肉放松了。“腿脚的肌肉都放松了，脚是轻松自如的。左腿的肌肉放松了，右腿的肌肉放松了，大腿和小腿的肌肉都放松了，脚是轻松自如的。我是安静的，我是安静的，我感到两腿、两脚有暖流经过，暖流从脚趾流向小腿，我的腿脚感到温暖了，我很舒服，我排除了一切紧张情绪。我是非常安静的。”并想着，把脚抬起来，而因放松抬不起来了。

3．手臂的肌肉放松了。“手臂的肌肉都放松了，左手和手指的肌肉放松了。左臂肌肉放松了，肩部、前臂的肌肉都放松了。两个手臂都放松了。两臂有舒服的暖流流过，感到暖流从指间向手掌、手臂缓缓地流去。我感到舒服，我感到安静。”

4．躯体的肌肉放松了。“两肩是自然下垂的。背部的肌肉放松了，胸部的肌肉放松了，腹部的肌肉放松了。我感到暖流流过全身，我很舒服。”

5．头部的肌肉放松了。“颈部的肌肉放松了，面部的肌肉放松了。双眉自如地分开了，额部是舒展的。眼皮下垂，柔和地闭住。鼻翼放松了。口部的肌肉放松了。两唇微开，颌部的肌肉放松了。感到额部是凉爽的。整个面部是宁静的。”

6．我已完全摆脱了紧张情绪。“我全身都放松了。我感到轻松自如。我感到呼吸均匀而平衡，我感到呼吸轻松自如。我感到凉爽的空气舒服地通过鼻孔，肺部感到舒服。我是安静的。我的心脏跳动很缓慢。我很舒服，我摆脱了紧张情绪。”

7．我已休息好了。“我感到爽快，我感到浑身轻松，感到全身舒服，感到精神倍增。我在睁眼。我想起床并行动起来。我精力充沛了。起立！”

这种自我放松的方式非常有助于消除紧张的情绪。

第四单元
搞好人际沟通，营造和谐氛围

梁经理的“怪”毛病

研发部梁经理才进公司不到一年，工作表现颇受主管赞赏，不管是专业能力还是管理绩效，都获得大家肯定。在他的缜密规划之下，研发部一些延宕已久的项目，都在积极推行当中。

部门主管李副总发现，梁经理到研发部以来，几乎每天加班。他经常第2天来看到梁经理电子邮件的发送时间是前一天晚上10点多，又看到当天早上7点多发送的另一封邮件。这个部门下班时，梁经理总是最晚离开，上班时又是第一个到。但是，即使在工作量吃紧的时候，其他同事也都是准时下班，很少跟着他留下来。平常也难得见到梁经理和他的部属或是同级主管进行沟通。

李副总对梁经理怎么和其他同事、部属沟通工作觉得好奇，开始观察他的沟通方式。原来，梁经理都是以电子邮件的方式交代部属工作。他的属下除非必要，也都是以电子邮件的形式向他回复工作进度及提出问题，很少找他当面报告或讨论。对其他同事也是如此，电子邮件似乎被梁经理当作和同事们合作的最佳沟通工具。

但是，最近大家似乎开始对梁经理这样的沟通方式反应不佳。李副总发觉，梁经理的部属对部门逐渐没有向心力，除了不配合加班，还只执行交办的工作，不太主动提出企划或问题。而其他各部门主管，也不再像梁经理刚到研发部时那样，主动到他房间找他聊天，大家见了面，也只是客气地点个头。开会时的讨论，也都是公事公办的味道居多。

一天，李副总刚好经过梁经理的房间门口，听到他讲电话，讨论内容似乎和陈经理的业务范围有关。他到陈经理那里，发现刚好陈经理也在讲电话。李副总听了谈话内容，确定是两位经理在谈话。之后，他找到陈经理，问他怎么一回事。明明两个主管的办公房间就在隔壁，为什么不直接面对面沟通，竟然要用电话交流。

陈经理笑答，这个电话是梁经理打来的，梁经理似乎比较习惯通过电话讨论工作，而不是当面沟通。陈经理曾试着到梁经理房间谈，但梁经理不是在最短的时间内结束谈话，就是眼睛一直盯着电脑屏幕，让他不得不赶紧离开。陈经理说，几次以后，他也宁愿用电话的方式与梁经理沟通，免得让他觉得自己过于热情。

了解这些情况后，李副总找梁经理聊天。梁经理认为，效率应该是最需要追求的目标。所以他希望用最节省时间的方式，达到工作要求。李副总以过来人的经验告诉梁经理，工作效率重要，但良好的沟通绝对会让工作顺畅许多。

◆ 讨 论

1. 日常生活中，你是否感觉到与同学沟通有困难？你认为是什么原因造成的这种困难？

2. 日常生活中，你的人际交往情况怎样？你在人际交往中存在哪些问题？你准备从哪些方面着手提高你的人际交往水平？

第1课 人际合作与人际交往

《孟子·公孙丑下》中说：“天时不如地利，地利不如人和。”“天时”“地利”“人和”三者比较，孟子认为最重要的是“人和”。“人和”就是人心所向、内部团结。争取人和就在于得道，实行仁政。做到极致，就会达到整个天下的大治。战国时期赵国的廉颇和蔺相如“将相和，邦国兴”的故事告诉我们，同心协力、团结一致能产生巨大的合力，能抵御外侮、保卫祖国。

中国有句老话叫“一个篱笆三个桩，一个好汉三个帮”。当今社会是如此复杂，以致于只能像一台巨型机器一样协调起来才能发展，才能生产出产品，而个人只不过是机器上的一个小螺丝钉。尤其是在残酷的社会竞争面前，要想成功，单凭个人之力是很难达到的。只有大家都能心往一处想，劲往一处使，才能在激烈的市场竞争中立于不败之地。时代已发出了强有力的呼唤：要团结合作！

合作能避免两败俱伤。人类社会的历史一再证明，对抗的结局是任何一方都要付出重大的代价，难以取得预期的目的。现实社会的生活也一再显示，只有合作才能各获其利，谋求更大的发展。

从社会发展的趋势来看，21世纪不仅是一个竞争的时代，也是一个交流合作的时代。科学技术的进步、交通信息的发达、社会分工的细化，将使世界变成“地球村”。人际、区域际和国际之间的交往合作将日益频繁，依存关系将日益加强；当今社会和平与发展的两大主题，更要求人际、区域际和国际之间加强联系，通力合作，共同来维护世界的稳定、进步和发展；而知识经济从一定程度上来说就是合作的经济，各国、各地区都在加大力度，进行跨国、跨区域的联合攻关，协调发展，显示出合作发展将是21世纪知识经济发展的大趋势；同时，现存的生态危机、环境恶化、资源短缺、人口爆炸等一系列全球性难题，也需要人们具备全球观念，依靠合作的力量，来抵御自然界带来的威胁和危机，维护人类生存的共同家园。凡此种种，人们只有积极的协调配合，充分利用整体的力量，形成最佳的适应结构，才能发挥最佳的功能，以保障人们正常的生存和发展。为此，“合作”作为一个崭新的课题和目标，已毫无疑问地摆在了世人的面前。

那么，人际合作与人际交往的意义是什么呢？

一、人际合作是21世纪对人才的基本要求

当人们把竞争机制引入社会各个方面时，我们发现，无论是科技领域还是教育领域，至少在理论上，现在更重视的往往是合作，而不是竞争。在强调科学工作需要合作这一点上，法国社会学家迪尔凯姆在《教育与社会学》一书中指出：“科学是一种集体性的工作，必须以全体智者的广泛合作为前提——不仅是同一时代的全体智者的广泛合作，而且是历史上所有前后相继的各阶段的全体智者的广泛合作。”在当代，科学工作需要合作这一观点更受到重视，科技活动实践也表明合作精神的重要性。在美国，做一名宇航员首先得经过严格的挑选。据称，每年有2500人申请当宇航员，而入选者才10名，他们经过的非常挑剔的筛选条件之一，便是具有团结合作的精神，善于与人合作。现在的科学研究已呈现出这样的新趋势，即由单兵独练向兵团式过渡。过去每有一次科技进步，都有一个科学家功臣。但现在已没有人去问谁是第四代、第五代计算机的发明者了。科技的进步，使得各学科互相融合，局限在某一学科领域已很难有所突破。今天每一项科技成果的取得，都是多学科协同作战的结果。

青少年是新世纪的主人，是新一代的建设者和主力军。我们要参与新世纪的竞争，要在竞争中生存下来，发展自己，不仅需要拥有竞争的能力和实力，还需要具备合作的素质和能力；并且在未来社会里，合作能力将比竞争能力更重要，运用更广泛。也就是说，是否具备竞争能力，尤其是合作能力，关系到我们在新世纪的生存和发展。因此，合作精神和能力，也应该像竞争能力一样，成为现在培养人才的目标。只有在培养竞争能力的同时，也积极培养合作精神，才能使我们在竞争环境中立于不败之地。

二、人际交往对青少年健康成长具有重要意义

从青少年学生健康发展的角度分析，人际交往有以下重要意义。

1．人际交往可以促进青少年学生的社会化进程

个体社会化，是指个体不断学习和掌握必要的知识、技能及特定的社会规范和准则，以获得社会有效成员资格的过程。个体的社会化必须在社会交往中得以进行和实现。随着个体的成长，交往范围不断扩大，交往内容逐步深化，交往形式日趋多样。青少年学生的人际交往性质与交往水平，直接影响他们社会化的水平。

2．人际交往可以促进青少年学生深化自我认识

古人曰：“以铜为镜，可以正衣冠；以史为镜，可以知兴替。”我们说，以人为镜，可以帮助我们认识自我。人是通过以他人为镜、在与他人的比较中认识自己的。离开了交际对象或比较的对象，就失去了衡量自己的尺子和照鉴的镜子。与人交往能使我们从别人对自己的反应、态度和评价中发现自己的长处和短处，以此调整和改进自己的行为。

3．人际交往可以促进青少年学生心理健康

人际交往的时间和空间越大，人的精神生活就越丰富，得到支持与帮助的机会就越多，越能保持心理平衡。特别是青少年学生，通过交往，获得友谊、支持、理解，得到内心的慰藉，有助于降低挫折感，缓解内心的冲突与苦闷，宣泄压抑与痛苦的情绪，减少孤独感与失落感。美国企业家艾科卡说：“人生旅程充满艰辛和坎坷，如果没有人能够与你同甘共苦的话，那你的生活是很空虚的。”英国哲学家培根也有一句名言：“如果你把快乐告诉一个朋友，你将得到两份快乐；而你如果把忧愁向一个朋友倾吐，你将被分掉一半忧愁。”

4．人际交往可以促进青少年学生开阔视野，有助于学业成功

《礼记》云：“独学而无友，则孤陋而寡闻。”一个人从书本上学到的知识毕竟是有限的，即便我们学富五车，也不过是沧海一粟；即便我们皓首穷经、才高八斗，也仍需不断补充新知识。而通过人际交往，就能以更迅速、更广泛的方式直接

沟通信息，开阔视野。在许多情况下，自己百般探索不得其解的问题，在与人的偶然交往中，会突然得到启示，产生灵感。例如，李政道教授曾讲过，他和杨振宁合作打破宇称守衡定律，就是在一起吃饭的时候解决的。因此，青少年学生通过人际交往获得的信息对自己的学习、生活都会起到积极的作用。

第2课　人际交往的原则

成功人际交往的原则有以下几点。

一、谦虚原则

这是指在与人交往中，言行举止合乎一定的礼仪规范，待人接物和蔼可亲，彬彬有礼，不目空一切，不盛气凌人。《论语》开篇写道："人不知而不愠，不亦君子乎？"《尚书》中写道："满招损，谦受益，时乃天道。"这里讲的是，谦虚是成为君子的必要条件，谦虚可以使人受益。那么，谦虚怎样使人受益呢？首先，谦虚可以得人心、合人意，可以赢得人缘。《后汉书》中记载：汉光武帝刘秀打江山时，手下有一名叫冯异的大将。每当打完一次仗，大家论功时，他就离开人群，独自坐在一棵树下，因此被人称为"大树将军"。由于他谦虚不居功，很得人心。所以，每次整编部队时，士兵及一些将军都很愿意归从他。其次，谦虚可以促进事业成功。《老子》中说："大智若愚，大巧若拙。"道家强调的是水滴石穿、以柔克刚，在与周围人群的调和中追求事业的成功，貌似无为，实则进取、有为。

二、诚信原则

古语说："至诚之道可以前知""精诚所至，金石为开""诚招天下客"。

《荀子》曰："君子养心莫善于诚，致诚则无它事矣。"即君子养心做到真诚就足够了，不需要再寻求其他的养心方法。诚实与守信二者有着密切的联系，诚实是守信的思想基础，守信是诚实的外在表现，只有内心诚实，待人诚恳真挚，做事才能讲信用，有信誉。

诚信，是做人之根本。孔子云："人而无信，不知其可也。"即讲信誉，才能立身于社会。故而，孔子的学生把"信"作为"每日三省"的内容，曾子曰："吾日三省吾身：为人谋而不忠乎？与朋友交而不信乎？传不习乎？"

诚信，还是领导者取信于民的重要法宝。商鞅的变法成功与其讲信用有很大的关系。开始时，群众对商鞅的变法半信半疑，为了取信于民，商鞅把一根三丈长的木头立在国都南门，声称谁将木头移到北门，赏金十两。这时，有一个人抱着试试看的态度，依要求把木头移到了目的地。商鞅马上赏给他十两金子。此事顷刻间轰动秦国朝野，百姓们认为商鞅是言而有信的人。商鞅的言行一致与取信于民，促使其变法获得了成功。

青少年学生应当牢固树立诚实正直、实事求是、"言而有信，无信不立"的观念，自觉抵制"老实人吃亏""不说谎办不成大事"等错误思想的影响，自觉养成良好的品行习惯：表里如一，言行一致；与人交往讲信用，不失信于人；做人要诚实；不违反学校的规章制度，坚决抵制考试作弊等不良风气。

三、宽容原则

宽容指用宽宏大量的心胸、团结友爱的态度对待他人。宽的含义包括容人之言及容人之行。

首先，容人之言。俗话说："良药苦口利于病，忠言逆耳利于行。"忠言往往逆耳，但于事业发展有益，故而应虚心接纳它，这是容人之言的一种表现。另一种容人之言表现为，对于一些无谓的责难，不去理会它，以宽宏胸怀处之。

其次，容人之行。俗话说："人非圣贤，孰能无过？"不能因为某人犯了一点错就否定其全部，有道是："水至清则无鱼，人至察则无徒。"只有"不责人小过，不念人旧恶"，容人之行，以德报怨，方能广交四方朋友，构筑事业成功大厦。宽大的心胸能消除人际间的隔阂，帮助人们取得事业上的成功。

第3课 人际交往的艺术

人际交往的艺术是成功交往的钥匙。我们应注意从以下几个方面去掌握。

一、树立良好的自身形象

良好的形象从第一印象开始。第一印象指第一次见面时，获得的关于对方的年龄、姿态、仪表、服装、谈吐、气质方面的初次印象。第一印象常常鲜明、强烈，影响今后的人际交往发展方向。如果给他人留下诚恳、热情、大方的印象，交往就有了良好的发展基础；相反，如果给他人留下虚伪、冷漠、呆板的印象，别人就不愿接近我们。可见，第一印象的作用是很大的。了解了第一印象的意义，首先，要利用第一印象的作用，给人留下良好的第一印象，这对今后的求职择业、交友合作都是有用的；另一方面，要尽量避免第一印象的影响，不少“金玉其外，败絮其中”的人，给人的第一印象并不坏，导致不少青少年上当受骗。

有了良好的第一印象的基础，日常生活还得注意继续维护自己的良好形象，以巩固和发展人际关系。我们应多注意交往礼仪，这是赢得别人尊重与信任的前提。《荀子》曰：“人无礼则不生，事无礼则不成，国无礼则不宁。”注意良好形象应从仪表风度做起，做到衣着整洁美观、举止大方优雅。同学间交往的礼仪包括，同学有困难时，主动伸出援助之手，给予关心、慰问；倡导文明的礼貌用语，讲话不粗鲁；不在背后说他人坏话，不给他人起绰号；批评别人要和气、委婉，不武断、生硬、颐指气使。

二、掌握得体的语言技巧

语言是人际交往的工具、手段。讲究语言艺术，是培养交往能力的重要内容。

正确的语言运用注重有效倾听。注意听说结合，学会虚心、耐心地倾听他人的谈话，不轻易打断别人，不做无关的动作，如心不在焉、东张西望等。倾听表达了对他人的尊重。有效倾听能激发对方继续谈话的兴趣，因而能融洽双方的感情。每一个人都希望自己讲话时对方神情专注地倾听，并对自己的谈话内容感兴趣；如果一个人在讲话时，对方心不在焉，或表现出不耐烦，那么谈话者马上就会感到兴趣索然，并非常沮丧，一种不被人尊重的感觉骤然涌上心头。

一般来说，人人都希望对方是一个好的倾听者，然而事实上倾听是一种较为困难的事情。有人做过研究，人一分钟能说180字，而听能达到700字以上，这样，大多数时间，人的大脑处于很清闲的状态，有很多时间想别的事情。于是，人们往往不能真正专注于倾听别人说什么。正因为倾听是一件困难的事，因此它在人际关系中显得十分重要。

有效的倾听不仅要全神贯注，还要做出适当的积极反馈。我们可以运用开放式提问来引起对方谈话的兴趣。例如，“你如何看待那个问题？”“你这一段时间感觉怎么样？”，等等。我们还应该适当表达自己对当事人的话有同感。同感不是简单的同情，同感首先是要认可对方的感受，表示关切、理解；然后，要尽可能寻找与当事人的共同语言，表达自己也曾有过与当事人相似的共同感受。当我们充分表达了我们的同感之后，对方就会产生一种感激之情，人际距离一下就会缩短。

学会赞扬。俗话说：“好话一句三冬暖，恶语伤人六月寒。”赞扬如和煦的阳光洒满人间。赞扬能使人心情愉快，赞扬起着润滑人际关系的作用。但是，实际生活中，我们有时会感觉，对别人的赞扬并未达到预期的效果。原因在于，我们没能掌握合适的赞扬技巧。赞扬必须要真诚，否则会给人虚伪的感觉。此外，赞扬要具体，角度要小。例如，不能笼统地赞扬别人“你真好”，这会让别人摸不着头脑，应该说：“我今天没带笔，多亏你借我一支，使我能记下这节课的笔记，真是雪中送炭，你太好了！”这样的赞扬语言，会使他人心情愉快，从而调节谈话气氛，增强吸引力。

三、矫正人际交往中的认知偏见

1．晕轮效应

这是指在观察某个人时，由于对他的某种品质或特征印象极深，像晕轮一样掩盖了对这个人的其他品质和特征的知觉，即所谓“以偏概全”。如看到一个人穿着整洁、得体，则很可能认为他做事也细致、有条理，甚至负责任。反之，若对某个人印象不好，则往往会忽视他的优点。

晕轮效应的产生大都是在掌握知觉对象的信息很少的情况下做出总体判断的结果。由于我们不可能对每一个人各方面的情况都有全面的了解，但常常又必须对他人做出评价，因此，晕轮效应成为日常生活中常见的社会心理现象。了解和研究晕轮效应，有助于防止对别人产生偏见，也有利于了解别人产生这种偏见的原因。

2．臆断性归因

在人际交往中，对别人的行为主观臆断地加上某种原因，使其行为的性质受到歪曲，称为“臆断性归因”，即所谓“以己之腹，度人之心”。在这种归因倾向的支配下，我们常会做出“把好心当成驴肝肺”等良莠不分的事情来。

日本学者桑名一央提出“P—N频道”来进一步说明人的归因倾向。他认为，人的思想好比一座广播电台，它不停地用两种功率相当的频率向人播送着信息，即P频道（Positive，积极频道）和N频道（Negative，消极频道）。例如，有一次，班主任老师对小李说：“小李，这次考试你没有考好，今后可要努力啊！”晚上，小李躺在床上，P频道开始工作：老师指出我这次没考好是为我好，鼓励我继续奋发努力，我一定不能辜负老师的期望。N频道的声音与之相反：全班那么多人都考得不好，老师不说他们，偏偏只说我一个，一定是老师对我有成见！可见，不同的归因会产生不同的结果。如果我们长时期地对准一个频道，就会导致不良的结果。因此，人际交往中，我们应该经常切换频道，既避免盲目乐观，也不要一味妄自菲薄，对一切心存戒备。

3．社会刻板印象

所谓社会刻板印象，是指在人脑中存在着的关于某一类人的固定形象。一个人见到他人时，常常会不自觉地按其年龄、职业、民族等特征对其进行归类，并根据已有的关于这类人的固定形象，作为判断其个性和确定与其交往的方式的根据。例如，青年人总认为老年人是保守的、固执己见的，而老年人则认为青年人“嘴上无毛，办事不牢”；人们谈到大学教授，总认为是文质彬彬、风度翩翩的，而商人则是精打细算、斤斤计较的；人们一般认为美国人总是天真、乐观、不拘小节，英国人总是一副绅士派头。这些都是企图在过去有限经验的基础上，对他人作出判断的结果。

社会刻板印象的形成，与人类的认识和发展有一定的联系。人们认识外界事物，往往会根据他们的共同特征加以分门别类，这是适应环境的一种智慧的表现。但这种方法如果固定下来，不顾场合地一概照搬，那么，在人际交往中就会有意无意地受先入为主的观念支配，产生种种偏见。

四、克服人际交往中的心理障碍

1. 孤独心理

人生是一次漫长的旅行，只有不断结识新的朋友，旅程才不会孤单。长期的缺乏交往、孤守自我，会让人产生“念天地之悠悠，独怆然而涕下”的悲凉之感。培根说：“缺乏真正的朋友乃是最纯粹最可怜的孤独；没有朋友，世界不过是一片荒漠。”社交孤独是一种心灵上的寂寞，找不到知音，缺少心灵的默契与精神的沟通，表现为把自己真实的思想、情感、欲望掩盖起来。究其原因，有的人对与人交往缺乏兴趣；有的人不善于交际，不知道如何接近他人；有的人自视清高，不屑与周围的“凡夫俗子”交往；有的人唯恐遭到别人的拒绝和耻笑而不敢与人交往。孤独心理使一些学生成天生活在自我封闭的圈子中，这非常不利于身心健康发展。

2. 嫉妒心理

每个人都有获得成功的需要，这种需要推动人努力去超越别人。当个体无望获得成功或不能超越别人时，有的人就会产生一种愤怒、怨恨的情感，即嫉妒心理。黑格尔说：“嫉妒是平庸的情调对卓越才能的反感。”意大利诗人但丁说：“骄傲、嫉妒、贪婪是三个灾星，它们使人心爆炸。”在人际交往中，嫉妒使人心胸狭窄，与人交往难以真诚、持久。嫉妒者常中伤他人，打击别人的进步，破坏人际关系。就读于北京大学的一位女生因为嫉妒同宿舍另一位女生即将出国留学，竟冒用该女生之名，向美国的接收学校发出电子邮件，声称已另外找到学校，最终导致该女生留学一事泡汤，自己也因此受到法律的惩罚。因此，我们必须克服、控制交往中的嫉妒心理，通过正常竞争、自我努力来发挥自身的优势。

3．自卑心理

自卑是由过低的自我评价而产生的消极情绪体验。自卑的原因是多方面的。从内因上看，是自我认识不足和对自己期望过低造成的。自卑者总是习惯拿自己的短处去与别人的长处相比，如感觉自己能力不如别人，学习成绩比他人差，相貌、身高、家庭经济条件等方面比不上其他同学，结果必然是越比越不如人，越比越泄气。从外因上看，生活环境的影响和遭受挫折的经历是主要的原因。“惊弓之鸟”的例子就是讲，因为飞雁曾经被箭射伤过，恐惧的阴影尤存，飞行中一味哀鸣，没有达到目的地的足够信心，所以，一闻弓声便惊慌失措，导致丧命。如果一个人在交往中屡战屡败，得到的总是消极的反馈，就会逐步形成自卑心理。

克服自卑心理，要着重于正确对待社会和他人的贬抑性评价，充分认识、肯定自我的长处和优势，改变对自己的认识。他人仅凭一时一事做出的评价，往往是不足为训的。科学巨匠牛顿，在学生时代是有名的“懒汉”；一生有1000多项发明的爱迪生，上小学时被老师认为“智力迟钝”，刚念三个月书就被开除了；爱因斯坦在学生时代被老师认为是“懒狗”，永远不会有出息，谁能料到，他后来竟然创立了震憾世界的狭义相对论。这一切说明，社会的评价并不是完全正确的，切不可屈从社会的贬低和鄙视，否定自己的过人之处。

4．多疑心理

多疑是由主观推断产生的不信任情感体验。多疑的人一般对周围的事过分注意，对别人的话特别敏感，以至于对别人产生不必要的猜疑。多疑者带着以邻为壑的心理，无中生有，甚至把别人的善心曲解为恶意。多疑会影响身心健康，也会影响正常的人际交往。克服多疑心理，首先，要正确认识社会，正确认识周围的人；其次，要与周围人建立起信任关系；第三，要经常自我提醒，检查自己是否又多心了。只要能自觉意识到多疑心理的坏处，问题就容易解决了。

5. 羞怯心理

怕羞、怯场，是逃避行为的最常见形式，是我们在社交活动中，特别是与陌生人或异性交往时，产生的一种紧张、拘束乃至尴尬的心理状态。这种心理状态往往给我们造成很大的心理压力，使我们不敢在集体场合中发言，一到大庭广众之下讲话就脸红心跳，遇到陌生人会局促不安、手足无措。

克服羞怯心理的方法：①径直迎着别人走上去。②训练自己盯住对方鼻梁，让人感到我们在正视他的眼睛。③开口时声音洪亮，结束时也会强有力；相反，开口时软弱，那么闭嘴时也就会软弱。④学会适时地保持沉默，以迫使对方讲话。⑤会见一个陌生人之前，先列一个话题单。⑥熟记演讲的首尾，那么我们从头到尾都会口若悬河。⑦想方设法接触伟人，和比自己强的人交往。这样，我们会学到知识，同时还可以观察强者的弱点和缺点，从而增强自信心。⑧不断给自己出难题，不断获得克服怯懦的方法。注意，这只是一些窍门，最重要的还是要加强学习，提高自己的能力，有能力才会有自信，才会成就自己作为一个人在社会上的价值。

小结

本单元着重阐明，人类社会已进入了合作的时代。21世纪不仅是一个竞争的时代，更是一个合作的时代。

在全球一体化进程日益加快的今天，学会与人合作对于我们的成长具有重要的意义。

人际交往是人际合作的基础。掌握人际交往的原则与方法是通向成功的重要途径。

心理训练营

人际交往能力自我测试

测试要求：

根据下列测试，实事求是地打分。符合2分；基本符合1分；难以判断0分；不太符合−1分；不符合−2分。

1. 我不喜欢广交朋友。

2. 我去朋友家作客，总是问有没有我不熟悉的人也去。如果没有，我的热情就明显下降。

3. 我与别人的友谊发展，多数是别人采取主动态度。

4. 我的文字表达能力远比口头表达能力强。

5、我的朋友都是与我年龄相差无几的。

6. 我不习惯与别人聊天。

7. 在公共场合讲话，我不敢看听众的眼睛。

8. 我看见陌生人常常不知道该说些什么。

9. 与我要好的朋友很少。

10. 在异性面前，我往往感到手足无措。

11. 我只喜欢同我谈得来的人接触。

12. 到一个新环境里，我可以接连几天不讲话。

13. 如果没有熟人在场，我很难与他人找到彼此交谈的话题。

14. 我不习惯在大庭广众之下演讲。

15．如果在主持会议与做会议记录这两项工作中挑一样，我肯定挑选后者。

16．我很少主动到同学、朋友家去拜访。

17．领导在场时，我讲话特别紧张，结结巴巴，表达不清楚。

18．参加一次新的集会，我不会认识多少人。

19．当别人请求我帮助，而我无法满足对方要求时，我常常不知道该如何处理。

20．不到万不得已，我决不求助于人，这倒不是生性好强，而是感到难以启齿。

21．即使我觉得自己的想法很有道理，也不善于去说服别人。

22．当有人对我不友好时，我往往找不到恰当的对策来应对。

23．我不知道如何与嫉妒我的人相处。

24．我最怕在交际场合中碰到令人尴尬的事情。

25、我不善于赞美别人，觉得很难把话说得真切自然。

26．如果有人话中带刺讥讽我，除了生气以外，我别无他法。

27．我几乎没有异性朋友。

28．参加集会，我只坐在相识的人身边。

29．我不喜欢与比我地位高的人交往，我感到这种交往不自在，很拘束。

30．我最怕与别人打交道，不敢做接待工作。

测试评价：

计算出总分。30分以上，交往能力很差；0～9分，交往能力较差；−20～0分，交往能力尚可；−20分以下，交往能力较强或强。

第五单元
增强防御机制，勇敢面对挫折

徐力杀母案

浙江省金华市第四中学高二学生徐力出生在一个普通的工人家庭，母亲吴凤仙是金华县食品公司的职工。由于徐力的父亲长期在外地火车站工作，徐力基本上是在母亲的照料下长大的。

吴凤仙虽然收入不高，但望子成龙的她省吃俭用，把家里事情全包揽下来，一心想让孩子好好读书。初中升高中时，徐力考进了学校的重点班，但他高一上半学期的成绩排名为全班倒数第二。通过努力，高一下半学期，徐力升到了第10名。吴凤仙喜出望外，要儿子以后每次期中、期末考试都排在班级前10名。一次，吴凤仙参加家长会时得知，徐力期中考试的成绩排在班级第18名。回家后，备感失望的吴凤仙把儿子狠狠地打了一顿，并对喜欢踢足球的徐力说："以后你再去踢足球，我就把你的腿打断。"徐力感到非常委屈和压抑，母亲管得太严，生活没有乐趣。

2000年1月17日中午，徐力放学回家吃完午饭后，想看会儿电视。吴凤仙不让他看，并说："期末考试你一定要考到前10名。"徐力顶撞说："很难考的，不可能考得到。"母子之间再次为学习争执起来。感到绝望的徐力从门口拿起一把木柄榔头朝正在绣花的母亲后脑砸去，当场将母亲砸死。

徐力杀母一事震惊了当地民众。据徐力的同学和老师介绍，徐力平时品学兼优，性格很文静，初中时期一直是“三好学生”，初二就入了团；升入高中后，他也一直勤奋好学、乐于助人。金华市公安局和市教委的有关人士认为，家长望子成龙心切、子女心理承受力脆弱和缺乏法制观念，是导致这出悲剧的主要原因。

他们分析认为，从徐力身上可以看到一对矛盾：他一方面似乎“训练有素”，杀死母亲后移尸灭迹，还写字条欺骗父亲说妈妈去杭州看病了，并且照常参加了考试；另一方面，他又十分脆弱，仅仅因为母亲对他学业上施加的压力，就残暴地杀害了自己的亲生母亲，这说明他的心智不健康，并且法制观念非常淡薄。

讨 论

1. 从徐力杀母案中，你得到了什么教训？

2. 谈一谈你在遇到挫折时，会采取什么方式来面对？

第1课　挫折与青少年的成长

一、挫折的含义及产生原因

挫折在我们的生活中无法完全避免。它之所以给人们不同的影响，关键在于面对挫折时，人们对待它的态度和处理方式不同。挫折并不可怕，可怕的是遭遇挫折后产生的悲观情绪和消极的处理方式，并且无法从中脱身。

那么，什么是挫折呢?

1．挫折的含义

挫折，就是俗话说的“碰钉子”。它的本义包括受挫、损伤、失败等。心理学中的挫折是指人们为达到某种目的所进行的有目的的活动过程中，遇到了无法克服或自以为无法克服的障碍和干扰，致使动机不能实现、需要无法满足时所产生的紧张状态或情绪反应。产生挫折的条件必须包括：①具有必要的需要、动机和目标；②必须有满足动机和达到目标的手段和行动；③必须有挫折情境的发生；④个体在实现目标的行为受到阻碍而产生挫折时，必须对此有所知觉；⑤有伴随着对挫折的认知和体验而产生的紧张状态和情绪反应的出现。

2．青少年时期遇到的挫折

学习和生活过程中，我们往往会遇到不如意的事情。这些事情会让我们产生紧张、遗憾、沮丧、痛苦或者悔恨等情感体验。一般来说，青少年时期我们主要会遇到以下几种挫折。

①由不能满足某种需要引起的需求挫折；②由达不到既定目标引起的目标挫

折；③由某种行动不能实现引起的行动挫折；④由生理上、物质上、精神上的某些缺陷引起的缺乏挫折；⑤由渴望取得成功的意愿受挫引起的成就挫折；⑥由独立自主意愿和行为不被理解、支持，甚至遭到反对引起的独立挫折；⑦由突然失去依赖对象或依赖机会引起的依赖挫折；⑧由失去曾经拥有的东西引起的丧失挫折；⑨由群体生活不如意引起的亲和挫折；⑩由支配欲望遭抵制引起的支配挫折；⑪由性的驱动力得不到满足引起的性的挫折。这些挫折在我们的生活中一般来讲是难以避免的。它们有时独自存在，有时互相交叉地对我们的学习生活和身心成长产生影响。但只要适当，不过分强烈，持续时间不长，非但不会导致心理失衡，反而有利于锻炼我们的耐挫力。

3．挫折产生的原因

事出有因，产生挫折的原因也是多种多样的。心理学研究表明，产生挫折的原因可以归结为三大类：外部条件的限制和阻碍；个人自身条件的限制；内在动机冲突引发挫折。此外，如果一个人的自我期望值与实际能力之间差距悬殊的话，就会形成压力，从而产生挫折。我们在日常生活中，虽然受到父母与师长的悉心呵护，但也不可能完全避免遭遇挫折。

从社会因素看，随着科学技术突飞猛进的发展和社会政治、经济改革地不断深化，我们会更明显地受到新思维、新知识、新文化，以及新的社会行为准则和人际关系的撞击，从而要不断适应层出不穷的新情况，调整自己内心的承受力和平衡感。一旦这种调整出现偏差，我们就会受到挫折的困扰。

从家庭环境看，我们这一代青少年中，独生子女比例不断增高，一方面，父母将自己的期望值强加于我们，出现了拉大我们实际能力与期望值差距的倾向；另一方面，父母都尽其所能为我们创造优越的空间，分担或者免去我们应当承担的责任，使我们始终生活在顺境中，表面上减少了挫折情境的发生，而实际上却减少了我们锻炼承受挫折的能力的机会。所以，当我们在集体生活中独自处理问题时，往往会因为一些微小的需要得不到满足，就产生紧张、忧虑、焦躁等挫折反应。

从自身因素来看，首先我们正处于生理、心理发展的旺盛期，对生活的需求很多，对人、对己往往要求过高。但现实生活并非如我们想象的那样，许多需求和欲望因为主客观条件的限制不可能得到满足，而且希望越高，失望也越大，这时，挫折感就会产生。其次，我们年轻气盛，阅历浅薄，知识、经验不足，对客观事物的估计、评判往往模糊甚至错误，没有对待挫折的经验，缺少变通的能力和辩证看待问题的方法，因而在从事一些力所能及的事情上，也难免会遭遇挫折。再次，我们对一些事物的看法往往偏激，常以自己的标准衡量遇到的人和事，表现得愤世嫉俗，这也看不顺眼，那也说不过去，常感到不满，而这种不满正是产生挫折的原因。

以上这些内部和外部的因素时而单独出现，时而同时并存，导致形式多样的挫折状态出现，并通过人们的行为直接影响活动的结果。

二、挫折反应与心理防御机制

人们对待挫折的反应方式千差万别，一般来说可表现为消极方式和积极方式两种类型。

1．对待挫折的消极反应方式

（1）攻击。一个人遭受挫折的时候，常会产生愤怒的情绪和敌视心理，从而导致过激行为发生。过激行为包括直接攻击和转向攻击两种形式。直接攻击是指受挫后，把攻击矛头直接指向引起挫折的人或物；而转向攻击是指受挫后把攻击的矛头和愤怒情绪发泄到毫不相干的人和物上。

（2）退行。指受到挫折后，为发泄不满的愤怒情绪，博取别人的同情、关心和爱护，表现出与自己年龄和身份不相称的幼稚行为与习惯来应付挫折。如受挫后，或号啕大哭，或大发脾气，或装病不起等。

（3）冷漠。指个体在遭受挫折后，表现出对挫折情境漠不关心和无动于衷的态度，是一种比攻击更为复杂的反应。这种反应表面上显得冷淡退化，内心深处却往往隐藏着深刻的情绪，只是个人把愤怒暂时压抑下来罢了。

（4）逃避。指受挫折后，个体不敢面对挫折和正视现实，放弃原来所追求的目标，撤退到自认为比较安全的地方。有的人害怕失败，不思进取，一旦受挫便意志消沉，即所谓的“一朝被蛇咬，十年怕井绳”；有的人受挫后，不仅放弃原来追求的目标，而且放弃与其相关的一切目标，唯恐再遭受同样的打击；有的人意志极端薄弱，对挫折的承受力很小，当挫折的打击来得突然而强烈时，就会陷入万念俱灰的泥潭不能自拔。此时，如果得不到他人的关心和帮助，就会有厌世轻生的念头，以图“彻底”逃避。幻想也可以看作是逃避的一种比较典型和特殊的反应方式，它以非现实的方式——想象，来对待挫折，在想象中寻找目标达成时的满足感。

（5）固执。指受挫后，个体采取刻板的方式盲目地重复某种无效行为，以不变应万变。如果一个人在现实生活中一而再、再而三地遇到同样的挫折，又不吸取教训，就会对克服困难失去信心，从而形成刻板化的反应方式，一再重复同样而无效的行为。还有，当人们处于惊慌失措的状态时，也会表现出固执行为。比如，眼看房间着火了，只是一味地拍大腿，却不知叫人救火。

2．对待挫折的积极反应方式

人们在遇到挫折后，虽然会做出上述一些消极的反应，但有许多人却能头脑冷静，分析失败原因，用积极的反应方式来应对挫折。

（1）矢志不渝，再接再厉。遇到失败不气馁，不达目标不罢休。如果发现自己所追求的目标是现实的，只是对阻力强弱估计不足，没有付出足够的努力，或是对阻力性质把握不准，没有采取有效的克服措施，那么即使遭遇挫折也是暂时的，只要加倍努力，调整应对措施，继续奋斗，就会实现目标。

（2）适度谦让，灵活变通。当采取某种行为达不到目标时，应该适度降低目标，变换方式，通过其他的途径和手段实现目标。所谓“条条大路通罗马”，就是这个意思。

（3）审时度势，理智调换。如果确定的目标因自身条件或社会因素的限制，而不能实现并遭受挫折时，应及时改变目标，用另一目标代替，使需求得到满足，减缓心理上的冲突，增强信心与勇气。人的需求是无止境的，但并不是所有的需求都能够满足，都必须满足，总有一些是要放弃的。一个方面的需求无法满足，并不意味着其他的需求也无法满足。把时间和努力放在合理的、有价值的目标上，才是明智之举。

3．心理防御机制

人在遭受挫折后，会有紧张、焦虑等不愉快的情绪体验，此时，心理平衡遭到破坏，影响正常的行为和活动能力。为了减轻压力，摆脱焦虑情绪的困扰，恢复生理和心理的平衡状态，人在心理活动中会产生一种自觉或不自觉地用自己易于接受的方式，对挫折做出解释和处理的适应性倾向，心理学上称之为“心理防御机制”。常用的心理防御机制主要有以下几种。

（1）否认。它是指对已发生的挫折事实加以否定。认为它根本没有发生过，以减轻或逃避心里的痛苦。所谓“眼不见为净”“掩耳盗铃”等都是否认的表现。

（2）压抑。把已发生过的痛苦的事实有目的、有意识地忘掉（压抑到潜意识中去），从而使自己避免受到伤害的现象称作“压抑”。因为在压抑的作用下的有意遗忘与自然遗忘不同，前者的欲望、观念、经验等并未真正消失，只是暂时转移到潜意识中贮存起来，所以也常会以其他各种途径表达出来，如酒后吐真言、笔误、失言、出现有关联的梦境等。

（3）文饰。文饰又称作“合理化”，它是个体为了减少和免除因挫折而产生的焦虑和痛苦，寻找各种理由或值得原谅的借口来替自己辩护，从而获得心理平衡的心理防御机制。“酸葡萄作用”和“甜柠檬作用”是两种典型的文饰心理防御机制的表现。当某人追求某一目标而又不能如愿以偿的时候，他就会故意讲这个目标其实是“不值得”追求的，以此自慰。这就是人们常说的“吃不到葡萄反说葡萄酸”，即我们所说的“酸葡萄作用”。“甜柠檬作用”指特别强调自己已得到的好处，而不再去理会原先追求却未能得到的东西，这本是一种退而求其次的做法，然而自欺欺人的人喜欢表现出心满意足的状态，以此减轻失落和委屈等情绪。比如，有的人智商很低，就自嘲说“傻人有傻福”，这就是“甜柠檬作用”的生动体现。

（4）投射。投射也称作“推诿”。这是一种把自己的不当、失误转移到他人身上，或把自己内心存在的难以被社会接受，甚至连自己也不喜欢的不良动机和观念转移到别人身上，说别人也有这样的动机和意念，以此减轻自己负罪感与焦虑的心理防御机制。人们常说的“以小人之心度君子之腹”“道貌岸然”等就是投射心理防御机制。当然，投射作用并不局限于心理受到挫折时，比如，当一个人心情愉快时，他就会感到“流水欢歌花在笑”。

（5）认同。认同与投射作用正好相反，指把别人具有的使自己感到羡慕的品质加到自己的头上，或将自己想象成与其他成功者相关联的人，提高自己的信心、声望、名誉，从而减轻挫折感。

（6）幻想。指当个人遇到挫折后，通过想象的形式，使自己脱离现实的困境，在空想中让现实中不能满足的需要得到满足的心理防御机制。比如，一个破产的企业家，可以在想象中重新找到腰缠万贯的感觉。

（7）反向。指把自己不能接受的动机和行为用一种过分外在的相反行为加以掩盖，即表现的行为和原本的动机是背道而驰的。它实际上也是对个人的冲动或欲望进行压抑的一种心理表现，如“此地无银三百两”“口是心非”等都是反向心理防御机制的生动体现。

（8）幽默。一个人遭遇挫折后，会用一种诙谐有趣而又意味深长的言语或行为来化解自己所处的挫折或尴尬情境，间接表现出自己的意图，这就叫“幽默心理防御机制”。这种心理防御机制常为人格较成熟、心胸较豁达的人所运用，如有人当众嘲笑某人太胖，某人就会说：“心宽体胖”，或说：“宰相肚里能撑船”，等等。

（9）升华。升华是一种积极的心理防御机制。它是把不易表现出来的、为社会所不能接受或不能容忍的欲望、行为加以改变，由低境界上升为较高境界，以符合社会标准，从而使心里得到宁静与满足的心理防御机制。司马迁说：“文王拘而演《周易》；仲尼厄而作《春秋》；屈原放逐，乃赋《离骚》；左丘失明，厥有《国语》；孙子膑脚，《兵法》修列；不韦迁蜀，世传《吕览》；韩非囚禁，《说难》《孤愤》；《诗》三百篇，大抵圣贤发愤之所作为也。”这就是升华心理防御机制的最佳例子。

（10）补偿。一个人因生理或心理上的某种缺陷达不到既定的目标而遇到挫折时，通过其他新的、可能的活动来代替，从而弥补因失败而丧失的自尊心和自信心，称为“补偿”。生活中常出现的“失之东隅，收之桑榆”就是这种心理防御机制的写照。

人们在遭遇挫折后，出于自我保护的本能，会自发地唤起心理防御机制。但是，心理防御机制的功能有积极的一方面，也有消极的一方面。动用心理防御机制可以使个体受挫时在情绪上产生一种“缓冲”作用，以减轻焦虑情绪，赢得时间，从而有可能在面对现实、整理思想的思维过程中，找到解决问题的办法。其中，升华和补偿两种心理防御机制，还可以成为人生中奋发向上的催化剂。但是，心理防御机制毕竟是一种在不利的环境下保护自己的反应，虽然能够减轻或免除痛苦与不安，却不能改变造成挫折的现实，其实质是在逃避挫折。而且，在日常生活中，心理防御机制如果运用不当或运用过分，还会影响个人对周围社会环境的适应，形成变态心理和变态行为，严重的甚至会形成某种变态的性格特征。

第2课　学习中遇到的挫折及应对

“苦”是学习生活的一大特点。一个人要学有所成，必须付出艰苦的努力，经得住枯燥的学习内容的压力和苦闷的学习过程的磨练。挫折与失败是每一个学子在学习过程中都会遇到的“拦路虎”，需要我们以坚强的意志、健康的身心和科学的方法去扫平、战胜它。

青少年时期的学习生活是紧张而艰苦的，是对我们意志品质的一次时间较长、强度较高的考验。我们大部分人都能经受住学习生活对自己综合素质的磨练，顺利完成学业。但是，也有一部分学生存在着时间或长或短、程度或轻或重的学习困难。导致学习困难的原因多种多样，但心理障碍和方法不得当是主要的原因。常见的心理障碍有学习动机不明确、学习疲劳、学习焦虑等。

一、学习动机不明确引发的挫折及应对策略

学习动机是引起、维持、推动学生进行学习活动的内部力量，它是由学生的学习需要引起的，而这种需要则是社会和教育在学生头脑中的反映。苏联心理学家列昂捷夫说：“学生的学习自觉性是和动机分不开的。事实上，有正确的学习动机的

学生才有主动性，学习劲头大，能克服困难，提高学习效果。”实验表明，在智力水平相等的条件下，成就动机和抱负水平较高的学生比成就动机和抱负水平较低的学生成绩要好。具有什么样的动机水平是一个科学的问题。据叶克斯·多德逊的研究表明，一般来说，中等强度的动机是最佳的动机水平。在这个动机水平上，学习效率最佳，进一步增强和降低动机强度都有可能导致学习效率下降。对于简单学习来说，最佳动机水平可适当增强；而对于复杂学习来说，最佳动机水平则要适当地降低。学习动机不明确，即缺乏学习动机和学习动机过强，都会让学生在学习中产生挫折。

1. 学习动机不明确引发的挫折表现

（1）注意力分散。注意力的集中程度在很大程度上与动机有关，动机越强，注意力越集中，相反，动机不强，注意力容易分散。在学习的过程中，我们大多数人都有这样的体验：兴趣容易转移，容易受各种内外因素的干扰；上课时不能够专心听讲，集中精力思考问题很困难；课后不肯花功夫复习巩固所学的知识，作业疲于应付，满足于一知半解。如果我们在学习过程中出现了多种上述表现，就说明我们缺乏足够的学习动机，导致注意力分散，在学习中产生挫折。但是，学习动机过强也会导致注意力分散。有些成绩好的学生，一心想取得骄人的成绩，因而在考试中遇到棘手的问题，往往不是集中精力思考，寻求解答，而是开始设想考试结果不尽人意会遭到同学和老师的嘲笑。另外，我们对某一内容的高度注意，会影响对其他事物的注意，这对于要求有较广泛注意范围的复杂学习是不利的。

（2）焦虑过低与焦虑过度。完成学习任务需要适度的紧张和焦虑。缺乏学习动机的学生往往没有必要的压力，即使考试成绩不理想也不足以成为激发他们自尊心和自信心的动力。这样的学生一般懒于学习，焦虑过低。而学习动机过强的学生对自己要求非常严格，学习效果期望值偏高。这样的学生大多格外关心学习成绩的优劣，往往处于高度的紧张和焦虑之中。所以，尽管他们学习能力并不差，分数也不低，但“就是紧张的透不过气来”。

（3）逃避学习。有些学生不愿意上课，或者上课无精打采，不肯积极思考；课后不复习，不按时完成作业；无成就感，无求知欲，无期望值，无上进心；缺乏学习动力，出现厌倦情绪，有的学生索性中途退学。凡此种种，大多是由于缺乏学习动机引起的。

2．克服学习动机不明确的基本对策

（1）明确学习动机。学习动机的形成是一个较为复杂的过程，它的发展总是由低到高、从不成熟走向成熟。“志当存高远。”正确的学习动机应当是将自身长远的发展与社会、祖国的不断进步联系起来。我们应该积极投身到丰富的社会实践当中，通过社会调查，参加社会服务和科技小组活动，广泛地与同龄人以及社会阅历丰富、取得工作成绩的成年人交流，在自我摸索与别人的帮助下，找到“为什么要学习”的答案。

（2）实行动机迁移。如果觉得缺乏学习动机，想一想自己是否在体育、文艺等方面具有天赋。其实，我们每一个人都有自己的特长，充分的发挥特长，不仅可以从中体验到快乐，也可以体验到成功感。再把从中获得的好的心情、兴趣、干劲和积极性转移到学习中去，会创造出意外的惊喜。

（3）培养学习的兴趣。“兴趣是最好的老师。”兴趣可以引起我们对学习的注意，是学习过程中一种积极的心理倾向。学习兴趣是可以在学习过程中通过各种方式逐步培养的，如通过具体事例，从克服困难中唤起好奇心；结合自己的需要，通过所学知识满足自己的需要，改变因“无兴趣”而缺乏学习动机的状况。

（4）体验成功感。学习成绩不如意的学生往往被称为“灰色学生”。他们可能会对失败产生恐惧感，或者对失败已经习以为常，自感麻木。但是，一个没有希望、没有战斗欲的人是不可能调动自己的全部精力和潜力，投入到艰苦的学习中去的。中国有句古话叫作“屡战屡败，屡败屡战”。同样的几个字，颠倒一下顺序，境界全变，而结果也会有天壤之别。成功的概念可大可小，可以简单，也可以复杂，因人的能力而异，也因人的观念而异。做好每一件小事，同样可以体验到成功，积累这些小小的成功，就能从中培养自己的自信心。

（5）创造良好的外部学习条件。良好的学习气氛和环境可以激发人们的学习动机。如果成绩不理想，可以多向成绩好的同学请教，了解他们的学习方法、学习习惯，从中吸取适合自己的、对自己有帮助的方面。

相反，如果觉得学习压力太大，提高学习效果的愿望特别强烈，有时还会不自觉地与其他同学进行比较，那么我们应该适当地降低期望值，多参加一些文体活动，减轻压力。

二、学习疲劳引发的挫折及应对策略

学习疲劳是因长时间的紧张学习之后，学习效率降低，本来能解决的问题因疲劳而无法解决，甚至出现头晕目眩的状态。学习疲劳可分为生理和心理两种。生理疲劳主要是由于身体能量消耗引起的，主要表现为注意力涣散、记忆力减退、头晕乏力、失眠、食欲不振、血压升高、手足无力、动作变形等症状；心理疲劳的主要表现是注意力涣散、记忆力减退、思维迟钝、情绪烦躁、神情抑郁、缺乏自信、易发脾气等。

造成疲劳的主要原因：学习内容的单调乏味；学生对所学内容毫无兴趣；学习方法单一、烦琐，事倍功半；学习时过分紧张，注意力高度集中；长时间的积极思维和记忆；睡眠不足，缺乏营养，缺少体育锻炼；学习环境中温度、光线、设施不足，有噪音等。那么，应该如何预防与克服学习疲劳呢？

1．科学用脑，合理安排

心理学家研究表明，人脑是有严格分工的，大脑两半球具有不同的功能。左半球与逻辑思维有关，具有高级的语言和认识、分析的优势，它的抽象思维、数学计算、语言逻辑以及形成概念的能力比较强。右半球对图形和空间的感觉比较好，并与音乐能力有密切关系，主管想象、色觉、音乐、幻想等活动。人在学习一种知识时，一部分脑细胞在工作，而其余的细胞处于休息状态。如果长时间地运用一侧大脑半球，就容易产生疲劳。因此，学习时要注意文理内容的交叉，脑力与体力的交叉，使形象性活动和抽象性活动穿插进行。

2．摸清生物机能规律，把握黄金时间

人在一天中，各种生理和心理功能随时间推移而做规律性的运动。上午7～10时，生物机能逐渐上升，10时左右精力充沛，此后逐渐下降；下午5时再度上升，到晚上9时又达到高峰，11时后又急剧下降。因此，应把最难的学科学习（如数

学）安排在上午9～11时左右和晚上8～10时左右；较难的学科学习（如语文、历史、地理、物理、化学等）安排在上午7～9时左右和晚上6～8时左右。然而，每个人的生物机能最佳时间也是有差异的，有的人习惯夜深人静以后读书或工作，属于“猫头鹰”型；有的人习惯早睡早起，利用清晨和上午的黄金时间，从事复杂的脑力劳动，属于“百灵鸟”型：有的人习惯用各种零散的时间学习和工作，属于“麻雀”型。我们应该根据自己的实际情况，善于掌握自己的最佳学习时间，避免过度疲劳。

3．动员多种感官参与学习，培养学习兴趣

看书学习的时候，应该眼、耳、口、手、脑一齐动用，做到认真看、注意听、开口念、动手写、用脑记。每一种感官的参与，都在帮助学习者从不同的侧面加深对学习内容的认识与理解，它们彼此联系，结成一张接纳信息的系统网络。同时，多种感官的参与，还可以提高注意力，引发学习兴趣，延缓学习疲劳。

4．增加营养，劳逸结合

营养状况与人脑发育、智力发展有着密切的关系，足够的营养可以提高大脑的工作效率。大脑需要的营养成分主要有糖类、蛋白质、脂肪、维生素B、维生素C、维生素E和钙。我们在条件许可的情况下，要适当吃些健脑益智的食物，如鸡蛋、鱼、鸭、动物脑、瘦肉、牡蛎、虾、海螺，以及豆制品、芝麻、花生、核桃仁、小米、栗子、杏仁、奶类和水果等。营养要补充得合理均衡，不可以偏食、挑食。

在紧张学习一段时间后，应适当休息。休息可分为三种方式。一是静态休息，也可称为“消极休息”，如睡眠和闭目养神。睡眠作为有机体的一种保护功能，不但可以消除学习后的疲劳，保证高级神经系统的正常功能，而且是我们在青少年时期身心发育的必要条件。二是动态休息，也称“积极休息”，如散步、体操、打球、轻微的体力劳动等。欣赏音乐、练习书法、观看戏剧等都是很有效地消除疲劳的方法。三是交替休息。如把文、理科穿插起来学习，脑力劳动与体力劳动交替进行，逻辑思维与形象思维互为补充等，这样，大脑皮层的脑神经细胞不仅不会疲劳，而且会产生相互促进的作用。

消除学习疲劳的方法还有体育锻炼与利用背景音乐创造优雅、整洁的学习环境等。总之，出现学习疲劳后，应及时采取相应措施，进行矫治。

三、学习焦虑引发的挫折及应对策略

学习焦虑是指学生由于预感到不能达到目标或不能克服障碍时产生的一种模糊的、紧张不安的情绪体验。在遭受学习挫折后，可能还包含自尊心和自信心的丧失，失败感与内疚感的增强，终日处于不可名状的烦躁心境之中。学习成绩达不到自己、家长、教师等的期望；没有考入理想的中学或大学；没有被编入理想的班级；家庭作业过多，不能按时完成，等等，都可能引起学习焦虑。

1．产生学习焦虑的原因

产生学习焦虑的原因是多方面的，可以分为以下几种。

（1）受挫后的紧张情绪难以排遣。当一个人面对强大的挫折，无法攻击，且连间接攻击都不可能时，就会产生强烈的失望乃至绝望感，从而造成焦虑。例如，一位参加中考的学生，由于一时的失误而没能升入理想的重点高中，他既不能重新参加考试，又不能向其他人发泄情绪，此时，便会被强烈的焦虑所包围。

（2）学习中遭受连续失败。研究表明，适当的焦虑可以增强学习效果，但多次失败或长期的失败对个人威胁很大，会使人产生过度的焦虑，降低或丧失自信心，产生自卑心理。

（3）期望值与实际能力之间差距悬殊。有些学生在家庭、社会等各方面环境因素的影响下，为自己确立了过高的学习目标和抱负，虽竭尽全力仍无法达到预定的期望值，从而造成很大的心理压力，这时就会出现严重的学习焦虑。

2．应对学习焦虑的方法

如何设法摆脱或降低学习焦虑的发生，保持心理平衡呢？

首先，要正确认识和评价自己的能力，确立切合自身实际的学习目标；增强自信心，培养坚强的毅力和不怕困难和失败的精神，相信“失败是成功之母”，降低对失败的敏感和恐惧，保持适度的自尊心；提高自我调节的能力，保持情绪的稳定，控制焦虑的程度。

其次，要激发好奇心，培养正常的焦虑水平。好奇心虽然是焦虑的一种隐蔽形式，却包含愉快的色彩，可以适当转移紧张情绪，提高活动效率。正常焦虑水平的培养也依赖于学生对学习的正确认识从注重学习成果或考试成绩，转移到注重学习过程中的收获、发掘学习本身的乐趣上来。

最后，应当掌握一套适合自己的学习方法。在学习过程中积累成功的感觉，也可以较好地克服严重的学习焦虑。

四、考试引发的挫折及应对策略

考场如战场，总有一些人“胜利”，也总有一些人“失败”。而考试成绩又并非总与人的努力成正比，考试结果有时会与自己的初衷相去甚远。正因如此，考试就难免会给一些同学带来心理挫折，诸如过度焦虑、考试怯场、精神苦闷、丧失信心、自尊受挫、厌倦学习、自暴自弃等。其中，最主要的表现是考前的过度焦虑与考试过程中的怯场。

1．考试引发的挫折的表现及原因

考试之前出现的焦虑与平时学习过程中产生的焦虑并没有多少不同，都是因为学习者体验或预感到学习成绩不佳会有损自己的自尊而产生高度焦虑的一种负面情绪反应。表现为考前紧张恐惧、惊慌失措、丢三落四、情绪烦躁、精神疲惫，并伴有诸如多汗、尿频、头疼、失眠、食欲不振等生理反应，致使注意力不集中、反应迟钝、思维呆滞、记忆力减退、学习效率下降等。

考试怯场指学生在应考过程中，因情绪激动、过度焦虑、恐慌而造成的记忆内容遗忘、思考中断、时间延误、答题能力丧失等现象。主要表现为心跳加快、满头大汗、满脸通红、头晕恶心、四肢无力、焦躁不安、晕倒等。

造成焦虑、怯场，甚至晕场的原因可能有以下几种。

（1）求胜心切。由于过分夸大考试成绩与个人前途的关系，产生了不堪负担的心理压力，导致考试中情绪紧张。平时掌握得很熟练的内容，在考试中遇到时都会产生头脑“一片空白”的现象，严重的甚至思维呆滞凝固，影响各种具体思维能力及创造、联想等能力的正常发挥。

（2）考生本身知识储备不足。考试技巧掌握得不够牢固、熟练。考试前“临时抱佛脚”，开夜车，“临阵磨枪”；考试时“心中无数”，缺乏信心，不能对考题进行灵活变通的处理。总之，没有认真学好功课是引起考试紧张的主要原因。

（3）自尊心过强。把分数看成是衡量学习能力的唯一标准，担心考试成绩不佳会被人嘲笑。

2．考试引发的挫折的防治措施

（1）正确认识考试的意义。考试只是检验学生学习效果和教师教学效果的一种手段，考试成绩并不能全面、准确、客观地反映一个人的学习能力和知识水平，更不能完全决定一个人的前途和命运。所以，无论是大考还是小考，我们都应以平常心对待。

（2）认真做好考前的准备工作。考前的准备工作越充分，在考场上就会越从容、稳定。考试前的准备工作包括：认真制订学习与复习计划，做好知识准备；提前适应考试环境、考试类型、考试时间，做好形式准备；加强营养，保证休息，调整状态，做好身体准备；熟练掌握解题方法，适当增加模拟训练，做好技巧准备；考前带好准考证、文具用品、预防晕场的清凉油等，做好物质准备。

（3）学会自我暗示，自我放松。暗示包括正暗示和负暗示。不同性质的暗示，会使人产生不同的心理准备状态，会诱导行为按照暗示的方向、内容进行。所以，当考场上出现紧张情绪、思维混乱、暂时性“失忆”等现象时，就要有意识地对自己说：“沉住气，别紧张，这是学过的内容，我一定能想办法答好！”“大家都会感到困难，紧张。我不会，其他同学也未必答得出来。”此外，也可以在考试之前，闭上眼睛，将考场上可能出现的问题及应对措施默想一遍，然后再想象自己克服困难取得好成绩后的喜悦心情。这样，就可以以一种积极向上的心态迎接考试。

第3课 青少年自杀分析及应对

一个人，以自杀的方式结束生命，无论如何，对人类群体来说都是个悲剧。尤其当自杀者是风华正茂的青少年时，就更让人扼腕。它给死者的亲人、朋友带来无尽的痛苦，给社会带来灰暗、紧张的氛围。这是对生命、对人生的彻底否定，更是教育的一种失败、社会的一种失败。这种悲剧，以前发生过，今天仍然在我们的生活中一次次重复上演。

一、青少年自杀的心理剖析

自杀心理研究有自己的特殊性，它主要依据的是自杀死亡者的有关表现和材料，较少有机会能对自杀未遂者的心理进行探索。青少年自杀的心理特征，主要表现为下列几个方面。

1. 精神认识方面

研究表明，青少年自杀行为是缺乏精神力量的结果。一些青少年的传统道德价值观日趋淡薄，而新的社会道德观念又没有在他们身上牢固确立起来。这样，由于缺乏精神力量，一旦身处逆境时，就无法从中解救自己，也无法在失望中看到前途，于是陷入更强烈的痛苦之中，这种恶性循环导致绝望，最终产生自杀行为。

通常，青少年在采取自杀行为时，认为自杀是唯一的选择，除此之外，别无他法。他们内心感到，自己为解决问题已经竭尽全力了，深信只有走向死亡才能摆脱痛苦。其实，“不识庐山真面目，只缘身在此山中”，正是强烈的痛苦使他们产生了片面的、极端的认识，导致悲剧的产生。

2. 情绪与情感方面

一般而言，青少年自杀者具有严重的消极情绪，如极端的失望、孤独、焦虑和痛苦等。这不同于一般的消极情绪，过几天或一段时间就会解脱，而是已经达到无法摆脱的绝望的地步。这是一种危险性的情绪，会导致自杀行为发生。

青少年自杀行为具有冲动性，即在情绪突发的情况下轻率地自杀，极具偶发性，自杀前一般无明显迹象。从社会性情感来说，一方面，企图自杀的青少年已经丧失了对生活的热情，同时，又割断了与亲人和朋友之间的感情；另一方面，他们又是满怀悲愤，甚至心中充满着某种仇恨的。因此，我们常听说，某些青少年同学自杀是抱恨而死、含冤而死。

3. 意志和动机的斗争

在失去生的意志、形成死的意志的过程中，青少年自杀者往往是进行了剧烈的动机斗争的。那时候，他们的痛苦是极其深重的，这种痛苦的强烈程度远远超过了求生的欲望。在生的欲望与死的欲望斗争过程中，只有死的欲望战胜了生的欲望，他们才真正形成了自杀的动机。

4. 性格类型

虽然性格类型并不决定青少年的自杀行为，但是青少年自杀行为与性格类型又有一定的联系。性格类型一般可分为内倾型和外倾型。从两种性格类型的具体表现来看，应该说内倾型性格中影响自杀的因素是较为明显的。但是，由于青少年的性格不是固定不变的，具有一定的可塑性，因此从客观上讲，青少年的性格类型又不能完全决定其是否会产生自杀行为。

5. 青少年自杀的感染性

有一种自杀叫作“集体性自杀”，也叫“扩大性自杀”。在这类事件中，有的人本来就存在自杀意图，而有的人则本来无自杀念头，在别人的自杀意图的感染、影响下，才产生了自杀行为。研究表明，青少年自杀行为具有感染性、从众性。

二、预防青少年自杀的措施

我们说，导致青少年自杀的因素是多方面的，因此，着手预防和纠正也是一个复杂的过程，需要从各个方面着手。这其中包括学校、家庭、社会的协力合作，更需要青少年个体的自身努力，学会一些必要的调试方法。只有这样，才能解决问题。

就青少年自身而言，我们应增强“免疫力”，提高应对人生各种挫折的耐受力，通过有效的心理调试来消除自杀心理。具体来说，应从以下几个方面入手。

1．学会正确评价自己

自不量力、目标过高者，容易受挫折。要适当调节自己的志向，实事求是地估计自己，这样容易获得良好的情绪体验。

2．大度、达观地看待人生，保持心理平衡

努力提高自己接受精神刺激的能力以及应对挫折的心理耐受力。有意让自己经受一些磨练，而不是任何事情都让父母、老师来为自己遮风挡雨。“为人处世要能够拿得起、放得下、钻得进、出得来、收得拢、放得开”，不为同学间的小事斤斤计较，不为别人的议论寝食不安，遇到任何事情都要坦然处之。

3．善于积极转移、变通进取，努力寻求美好的一面

古罗马哲学家赛乃卡认为，未尝过艰辛的人，只能看到世界的一面，而不知其另一面，真正的人生价值，只有经过艰苦卓绝的斗争之后才能实现。世界上的一切事物总是在不断地变化和发展着的，逆境和顺境可以相互转化。“东边不亮西边亮，旱路不通走水路。”当我们从绝望中寻找生命的阳光时，就会发现，世界原来是很可爱的。

4．发掘内在潜力，积聚强大的心理代偿能力

视觉失明，听觉代偿；听觉失聪，感觉代偿；两手残疾，双足代偿；生活艰辛，事业代偿；功败垂成，信心代偿……百折不挠，愈挫愈奋。正如心理学上的“拿破仑情愫”或“矮人综合症”一样。通过自我补偿机制，发展成为能力卓越、事业兴盛的，大有人在。

5．敞开心扉，广交朋友

性格内向的人，往往容易自我封闭心扉，备感孤独。应当广泛地结交朋友，向他们倾吐内心积压的苦闷和痛苦，缓冲自己的压力。朋友的鼓励和真挚的友情带来的欢乐会让我们再次鼓起生活的风帆。

6．融入到集体之中，不要孤立自己

参加集体活动，培养多方面的兴趣爱好，关心他人，帮助他人，为集体做贡献，以此寻回自身的价值。

小结

在本单元中，我们集中介绍了挫折的心理学含义，将我们在日常生活中可能会遭遇到的挫折归纳为需求挫折、目标挫折、行动挫折、缺乏挫折、成就挫折、独立挫折、依赖挫折、丧失挫折、亲和挫折、支配挫折和性的挫折等几大类。挫折的产生主要是由外部条件的限制和阻碍、个人自身条件的限制、内在动机冲突三个方面的因素引发的。

不同的人面对挫折的反应是不同的，有的人百折不挠，愈挫愈奋；有的人则自暴自弃，甚至悲观厌世。为了缓解因挫折而产生的紧张和焦虑，人们会自觉或不自觉地运用心理防御机制。心理防御机制虽然可以为解决问题赢得时间，但实质上却包含着逃避现实的因素。所以运用不当，会对我们的健康成长产生危害。

学习是我们生活中的主旋律。培养良好的学习习惯、掌握科学的学习方法，在学习中树立远大的理想，将会对我们的一生产生积极的影响。但是学习中的挫折又是在所难免的。学习目标不明确、过度的学习焦虑和学习疲劳都是学习过程中产生的心理障碍。因为考试所引发的怯场，也是我们经常会遇到的苦恼。为此，本单元，我们详细地讲述了应对学习挫折的策略和方法。这些方法具有很强的普遍意义，但是它会因为学习者的理解差异体现出不同的功能。

关于青少年自杀的研究一直是教育工作者和科研工作者研究和工作的重点。预防自杀往往比挽救自杀的意义更重大。消除潜伏在青少年心中的自杀欲念，增强自身免疫力是避免自杀的关键。为此，我们特别强调青少年自身的防范措施，并给出了积极的建议。

我们衷心地希望，所有青少年朋友能够经得起挫折的考验，度过充盈而有意义的青春岁月。

心理训练营

保持良好心理状态的技巧

挫折总会给人带来精神压力、紧张以及各种不良情绪，但我们可以通过疏导、自我调节等方法予以消解。当然，最好的方法是做到未雨绸缪，尽量避免遭遇挫折的可能性。这就需要我们对产生挫折的情绪有充分的估计和预见，同时掌握保持良好心理状态的技巧。

这里我们结合青少年特点，提供一些简明、具体、有益的对策和技巧，希望能成为大家应对压力、化解烦恼的有效武器。

1．对自己要有一个恰当的认识。既不要估计过高，总是有“怀才不遇”的感叹；也不要失去自信，认为自己事事不如人。相信总有一天，我们都会找到自己的成功之路。

2．对他人不要期望过高。不要把希望寄托在别人的身上，不企求别人的赞扬和尊敬；自尊自爱，不管别人怎样看我、评价我，我还是走自己的路。

3．为别人做些好事，生活就会过得更美好，更富有诗情画意。帮助别人不仅可以使自己忘却烦恼，还可以获得友谊。

4．交几位亲密的朋友，与他们分享自己的幸福和欢乐、忧愁与痛苦。对自己的前途和幸福应当充满信心，并与他人分享这种自信的感受，充满希望地去追求愉快的生活。

5．当我们发现无法驾驭自己的情绪（受压抑或过度兴奋）时，不妨试用下列方法尽快地从这种情绪中解脱出来：①脱身离开那里；②想一想别人在这种情境或冲突中会扮演怎样的角色；③设想自己此时此刻解决了一个极其困难的问题而处于对美好前景的憧憬中；④向有同情心的人倾诉一下自己的想法。

6．如果发现不能使自己或他人摆脱烦恼时，应该到经过训练的心理学家那里寻找忠告。当了解了真正的原因后，就不会过于担心和难为情了。

7．做事拖拉将增加紧张感。考试前复习时如果拖拖拉拉，就会因感到没有时间复习功课中的难点而加重焦虑。而且，如果拖拉，就不能有足够的时间去调遣自己的全部应对手段，对付生活中出现的意外的、令人讨厌的时间；工作拖拉、就不会有成就感，会被人看成一个失败者、一个工作效率很低的人。因此，我们要努力使自己成为做事节奏快、效率高的人。

8．不必过于沉溺在过去的罪过、羞耻或失败中。过去的已经过去，只需把它保留在记忆中，相信前景是美好的。

9．了解自己的优势和不足。了解自己的长处和短处可以减轻紧张感；明确自己力量有限，可以使我们摆脱某种潜在的不良情绪。这样我们就不必一个人包打天下，就会懂得何时该去求助他人，怎样跟他人一起合作共事。

10．每天坚持拿出一定的时间，让自己单独放松一下，积极主动地参加一些业余的文娱活动或体育活动。

第六单元
强化法规意识，增强自我保护能力

流星雨夜的悲剧

1998年11月的那一场流星雨让人至今难以忘怀。为看那一场流星雨，很多人顶着清冷的寒风，彻夜守候在空旷的广场上，结果却一无所获。美丽的流星雨并未如人们预期的那样降临京城。

但是，也就在那个晚上，灾难却降临到一位对未来充满希望，想亲眼一睹流星雨风采的14岁女孩马雯身上。

一位40多岁的男性无业游民，半夜闲逛在寂静的居民小区里，此时已是深夜两点多了。这时，马雯与其表弟一起下楼去看流星雨，在楼门口遇上了这位中年男子。男子自称是联防队的，让他们站住，并出示学生证。姐弟俩一愣，男孩慌忙说回家去拿，转身就奔上楼去了。这位中年男子见只剩女孩一人，便心生邪念，让女孩跟他走。女孩未作任何反抗，就糊里糊涂地就跟着走了。到了野外的某个地方，女孩被该男子强奸并杀害了。正处于花季年龄的马雯就这样随流星雨去了。

讨论

1. 马雯的不幸带给我们怎样的思考？
2. 面对纷繁复杂的社会环境，我们该如何增强自我保护意识呢？

第1课 树立自我保护意识的重要性

一、青少年自我保护意识的现状

某中学三个男生在放学路上被另一男生打劫，三人身上的钱都被劫走了。事后，人们问道："你们三个人怎么会对付不了他一个人？想过与他周旋，不让他得逞吗？""他拿着刀，我们不敢。""有没有想过拨打110？""什么是110？打110干吗？"学生们的回答令人们十分震惊。面对侵害，他们竟连最起码的自我保护意识都没有。

根据有关权威机构对全国中小学生进行的调查结果显示：学生们最大的问题就是胆小，遇事就怕，而一怕就丧失了反抗能力。在对一些学生的采访中，面对"如何保护自己不受伤害"的问题，大多数学生的回答是"不出门""躲着点"。面对"万一遇到坏人该怎么做"的问题时，多数学生的回答是"不知该如何做"，只有极少数的学生回答："报告警察。"又问："报警电话知道吗？"答曰："119。"他们竟然把火警电话当成了匪警电话！

学校教育是教育的主渠道，但我们多年来施行的应试教育只偏重于文化知识的传授，却忽略了学生综合素质与能力的提高。而家长们也过于注重孩子的学习情况，对其他如安全与自我保护等问题一概不过问。一位家长说："学生的任务就是学习，用不着知道太多。遇到问题，我们家长会替他们解决的。"但家长又是如何解决问题的呢？一位学生说："我就曾遭遇过抢劫，回家告诉了我妈，我妈让我给他们点钱，就当是破财免灾。结果，那帮劫钱的匪徒从此以后老跟我要钱，我都不敢自己回家了。"因此看来，保护孩子的最好办法应该是，教导孩子学会自我保护，强化自我保护意识，并完善社会保护体系，使所有的未成年人都得到教育和锻炼。

二、女研究生遇害案的警示

1999年10月28日下午两点多，山西某大学哲学系24岁的女研究生韩某在去教室上课的路上，被自称学生科老师的陌生男子以学费欠交为由，骗至本市另一大学主楼地下室害死。听了案犯交代的杀死女研究生的经过后，公安人员十分惋惜地说："怎么一点防范意识都没有啊！自己学校的学生科怎么可能会设在另一所大学呢？"

前面《流星雨夜的悲剧》中发生的事本来是可以避免的：倘若那男孩多一个心眼，想一想留下姐姐一人是否合适；倘若女孩提高警惕，在楼门口大声呼喊救命，或做一些抵抗，而不是傻傻地跟着陌生人走，这起悲剧或许就不会发生了。悲剧使人们痛心，也让人警醒。人们在激愤地声讨杀人恶魔之余，也开始意识到提高青少年自我保护意识与能力的重要性。

三、树立自我保护意识有助于青少年健康发展

自我保护意识，指个体保护自己身心健康和安全的意识和心理，其中起主导作用的是认知水平、思维能力、情感调节能力和意志品质。处于青少年时期的我们，身体内的各器官系统都尚未发育成熟，对环境或事物的反应性、耐受性、适应性都相当差；判断力、抗病力都还不强；皮肤、五官、肌肉、骨骼，乃至整个身体都还十分娇嫩。同时，由于神经系统尚未发育完善，我们常表现出富于想象、活泼好动、好奇好问、善于模仿、心存侥幸等特点，也常会做出一些不顾后果、幼稚可笑的事情。调查研究表明，近年来，由各种意外事故造成的死亡人数占很大的比重，并有逐年增加的趋势。溺水、车祸致死的人数在我国少年儿童死因中分居第二位和第三位，占小学阶段少儿死因的第一位和第二位。这清楚表明，意外伤害事故已严重地影响了少年儿童的健康，给当事人造成了一定的身体伤残乃至生命危险。同时，偶然突发的事故常常会打乱人们的日常生活，给家庭和社会带来无法估量的精神和经济损失。所以，我们一定要重视培养青少年学生的安全及自我保护意识。

第2课 小心来到我们面前的人

每个人眼前天天都晃动着许多人，有的是我们不认识的人，但他们却是让我们肃然起敬并且深信不疑的人，如国家执法人员。有的是我们认识的，例如，我们周围的亲戚、朋友、同学、同事、邻居、熟人等。在一些恶性案件中，受害者很多都是被冒充为国家执法人员或周围的熟人、朋友、同学、亲戚的一些人伤害的。因为是“可信赖的人”或是熟人，受害者往往是在毫无戒备的情形下被害的。另外，社会生活中的各种骗子、流氓、歹徒等都可能对涉世不深的我们造成伤害。所以，我们在日常的学习生活中，一定要小心来到自己面前的人。

一、警惕假面具

这里所说的假面具，指冒充或变质了的带有国家明确标志的各类工作人员。因为他们具有特殊的标志，这些特殊的标志长期给人们留下的印象是保护人民、同坏人作斗争，所以，人们很容易相信他们。但是，无论如何，当有人让我们去一个我们不熟悉的地方，或去一个偏僻的角落时，我们应该坚决不去。如果非要去不可，只能走大道，否则，绝对不可以去。

流星雨夜的悲剧之所以发生，正是因为姐弟俩真的以为陌生人就是“联防队员”，不加任何思考地按照他的要求去做了。女研究生受害案里，女研究生也是一听对方是大学学生科老师，便对他言听计从，跟他走了。

那么，我们如何避免这类悲剧的发生呢？首先应该看看他们的证件，然后问清去哪里，如果这两项有差错，就不能跟他走。如果这两项没有差错，在有两个人的情况下，就必须要求两人同行，不可分开走。如果是一个人，也必须走大道，并拒绝去人迹稀少的地方。我们应牢记遇事要冷静，不可惊慌，要与坏人斗智斗勇，决不能胆怯。

二、了解坏人的作案方法

（1）坏人常使用诱骗的方法。我们心中时时会产生一些幻想式的“理想”，并常常想入非非，寻找实现的途径。这就为坏人乘机而入打开了一扇大门。坏人常常能在与我们的攀谈中，捕捉到我们的心理、渴望、需要，然后投我们所好，使我们在不知不觉中上当。这类坏人常用的方法有：①捕捉单纯幼稚、缺乏社会经验的女学生；②伪装殷勤，假装关心，施以小惠，博取好感；③自我吹嘘，结认乡亲，花言巧语，骗取信任；④以排解急难、投其所需，进行诱骗。

（2）坏人也常使用恐吓的办法。本来一位女生没做什么错事，但出现一位身着制服的“警察”，或带红袖箍的人，硬是对女孩大声恐吓，进行无中生有的“斥责”，最后要女生跟他走一趟。此时，如果该女生缺少防卫意识，又胆小怕事，往往就会跟着走，造成伤害。

（3）跟踪也是坏人常用的作案手段。有一个坏人经过一段时间的摸底，得知某女生每天放学都是一个人回家，其家长在下班后很晚才回来。于是，一天，该女生放学后，坏人便尾随其后。当女生推门进屋时，坏人迅速窜至门前用力推门而入，把该女生杀害了。另一种跟踪，则发生在上下学路上。有的同学家离学校较远，甚至要走一段偏僻的路。坏人就会利用这一段路乘机作案。

（4）坏人常常在小孩一人在家时，伺机敲门作案。坏人常常冒充替孩子的父母来取东西的同事，或管道维护工等一些容易让孩子相信的角色。

三、110报警服务台的提醒

110报警服务台是公安机关专门设置的受理公民报告刑事、治安案件和寻求紧急救助的部门。110提醒我们，遇到安全方面的问题，比如，上下学路上有人劫道要钱抢物、外出被人尾随、被坏人袭击或劫持、迷路了等，要及时拨打110，以便及早得到帮助。公安机关提出的一些处理紧急情况的方法我们也应该记住。

（1）独自在家时，有陌生人敲门，不要开门。即使他说自己是警察，有紧急情况，或说是父母让他来取东西的，也不要理睬。如果有人强行闯入或撬门，应立即打110报警。报警时，要准确地说出自己所在的位置。

（2）上下学路上，如有陌生人尾随，要到人多、繁华的地方大声呼救，或者到有人的单位或民宅躲避求援，千万不要逃向偏僻无人的地方。

（3）如遇坏人绑架、袭击，应大声呼救，奋力抵抗，不要因恐惧和坏人的威胁而不敢出声，任其摆布。

（4）被坏人侵害时，必须冷静思考对策，与坏人斗智斗勇。

（5）如已被坏人控制，即将受到侵害时，要镇静，尽量与坏人周旋，一边拖延时间，一边思考脱身之计，不要丧失信心。要记住路线，记住坏人的特征（长相、衣着、口音、身高、胖瘦等），为破案提供线索。

（6）被坏人劫持后，看到有人靠近，要大声呼救，或趁人多时逃跑，并迅速呼救；遇到民警、军人或武警时，要及时呼救求援。

（7）迷路走失时，应及时告诉民警、军人或保安人员，不要随便向其他陌生人求助。

（8）上下学路上，不要把贵重物品随意显露或带在身上。平时身上不要装过多的钱。

（9）放学时应与同学结伴而行。

（10）放学或外出活动太晚，又没有同学相伴时，应在学校或人多的地方给家长或熟识的人打电话，请求被接走。

（11）女同学应特别注意着装，不要过多暴露，举止不要轻浮。

（12）遇到安全方面的问题，要及时告诉家长、老师，并与公安机关取得联系，不能缄口不言，使坏人的气焰更加嚣张。

第3课 防范毒魔及艾滋病

一、防范毒魔

毒品对青少年学生身心健康的危害日益受到人们的重视。人人都知道毒品是有害的，可是人们在与毒品接触的一瞬间是怎么想的呢？又是什么原因使一些人沾染上毒品呢？

1. 好奇心

调查表明，由这种心理而吸毒的人占30%左右。在深圳市戒毒所，对200名吸毒者染毒原因的统计中，这个数字竟高达85%。

好奇之心，人皆有之。尤其是一些涉世不深、天真幼稚的年轻人，极易成为毒贩猎获的对象。青少年的人格尚不稳定，心理也较易失衡，外部世界对我们的影响很大。同时，我们又具有特别强烈的好奇冒险心理。因此，青少年吸毒者占了吸毒人群的绝大多数。

调查统计发现，那些从中学开始就吸香烟的人，最容易因好奇而染上毒品。一位中学生吸毒者曾这样说："我原先就吸烟。一天，一位朋友给我一支烟。我看它与别的烟有点不同，就问他是什么。他诡秘地一笑，说让我试试。我想，反正都是烟，吸就吸呗。谁知那里面有海洛因，吸了没几支，就再也戒不掉了。"

事实上，每个学校的守则中都有不准吸烟的规定，可还是有一些同学吸烟。在校不敢吸就回家吸，或者在外面吸，甚至伙同一群朋友组成"烟友"，一块儿吸。他们似乎认为：吸烟不算什么，不是许多大人都吸吗？然而，从吸烟到吸毒只有一步之遥。吸烟、吸毒，同样都是吸，吸烟者最容易对吸毒产生好奇心。所以，一位戒毒专家曾经这样说："吸烟者都是吸毒者的预备军！"因此，防吸毒必须要从防吸烟开始。只有这样，才能牢固地筑起拒绝毒品侵害的第一道防线。

2. 从众、赶时髦和一些环境因素的影响

处于青少年时期的我们，极易受到团体影响，而且在交往中也很容易形成"哥儿们"或"姐儿们"的亲密关系。"哥儿们"或者"姐儿们"干的事情，我们觉得自己不妨干一干。吸毒也是如此。许多青少年吸毒者说："我是看到别人吸，我才吸的。他们能吸，我为什么不能吸？"

对于特别容易产生"从众心理"的青少年，无论是中学毕业了，还是没毕业，我们都要忠告：如果你的"哥儿们"或"姐儿们"拿出毒品来请你吸，那不是在关心你，而是在害你。海洛因的价格是很昂贵的，他请你吸毒，目的是为了把你变成再也离不开毒品的人。相当多的吸毒者"以贩养吸"，即从黑市买来毒品，再高价卖给别的吸毒者，赚钱供自己吸毒。如果你有个"哥儿们"或"姐儿们"是吸毒者，那么，他（她）肯定是一个口蜜腹剑的人。此时，你只有两种选择：要么报告老师或有关部门，要么远离他（她），只有这样才能避免受到毒品的侵害。

3. 幼稚的权威崇拜心理

权威崇拜是青少年时期一个显著的心理特征。盲目的崇拜导致盲目的追随。例如，有一位青少年崇拜一位足球明星，当他从电视上知道这位球星是个吸毒者时，他便也毫不犹豫地吸上了。

二、防范艾滋病

艾滋病是由艾滋病病毒（HIV）引起的一种威胁生命的传染病，至今没有特效药能够治愈它，也没有疫苗来预防它，所以目前还是一种绝症。

艾滋病病毒存在于人体的血液、精液、阴道分泌物、乳汁等体液中。艾滋病病毒的主要传播途径：

（1）性传播。无论是异性或同性之间的性交，都可以引起艾滋病病毒的传播。

（2）血液传播。如接受了被HIV污染的血液或血液制品，就会染上HIV，所以

静脉吸毒者共用针具吸毒最为危险。

（3）母婴传播。如果母亲是HIV携带者，那她所生的孩子有三分之一的可能性被感染。感染可能发生在怀孕期间、分娩时或哺乳时。

虽然，目前艾滋病是一种不治之症，但艾滋病是可以预防的。预防艾滋病，必须从现在做起。我们要做到：洁身自爱，不吸毒，尤其是不与他人共用针具吸毒；不到消毒得不到保证的医院、诊所去打针，拔牙或做手术；不到不消毒的理发店和美容院去理发、美容；不与他人共用剃须刀、牙刷等卫生用具；不输入被污染的血液。

第4课　生活中的安全常识

一、校园生活安全常识

1. 教室安全常识

注意不让各种电器设备和插座沾水，人体不要随意触摸电器和插座。用水洗刷墙壁时，尤其要注意电器设备。擦洗高楼玻璃窗时，应用擦玻璃刷或把抹布捆在棍子上擦洗，绝不能半身或全身移出窗外，更不能站在楼外窗台上擦玻璃。需要登高时，要注意桌椅搭接支撑是否平衡稳固，并且下面要有人保护。

2. 实验安全常识

正确使用电器。使用前听老师讲解有关规则，或认真阅读使用说明书：安装电器不能接近热源和水源；接线路和装配零件时，千万不能在电源接通的情况下工作；不能用湿手触摸电器；使用完毕，切断电源。

正确使用玻璃器皿。玻璃器皿如烧杯、试管、瓶等，一旦使用不当，容易造成化学物品灼伤皮肤，或被锋利的玻璃碎片划破皮肤，因此，要轻拿轻放。用玻璃棒搅拌，动作要轻巧并用力均匀，加热时逐渐加温，及时处理破碎的玻璃器皿。

注意有毒有害和易燃易爆物品。如各种酸类物品、碱类物品、部分盐类物品、有机物和气体。

做好个人防护工作。遵守实验室规则，穿工作服，离开实验室时立即脱下，保持工作服清洁；严禁在实验室吸烟、吃零食；不用实验用的器皿当茶杯喝水，不用嘴尝物品或用鼻闻未知物的气体；实验完毕检查实验桌上的电源、水源及气源开关是否已全部关好；离开实验室后必须立即用肥皂洗手。

二、居家安全生活常识

美国曾经进行过一次安全与健康的调查，发现该年因家庭事故，主要是烧伤、触电等，全国死亡人数达16400人，而6～14岁学龄儿童占51.21%。我国也曾有过类似调查，意外死亡人数在各类死亡中排第四，仅次于心血管疾病、呼吸系统疾病和恶性肿瘤。但在10～24岁年龄组里，意外死亡人数高居榜首，而其中家庭事故导致死亡的人数所占比例排第二。所以，我们在家也要注意安全，防止意外事故发生。

1. 防火安全

倒炉灰时应用水将炉灰的火泼灭后再倒进垃圾筒内，以免与垃圾筒内的废纸等易燃物品接触，引起火灾。

使用煤气灶，先点火后开气，以免煤气泄漏、遇明火引起爆炸或火灾。管道煤气在使用后应同时关好管道开关。如使用钢罐石油液化气，不要将钢罐放置得离火源太近，不要在钢罐附近放置电炉、煤炉等，以免因高温引起爆炸。

不玩火，尤其不要玩火柴、打火机。

不在走廊、过道内、阳台上堆放杂物。

安全用电，外出时一定切断电源。

家庭灭火常识：

（1）油锅着火，千万不要用水浇。因为用水浇会使油浮在水面上，燃烧更旺。应迅速切断火源，将锅盖严或将青菜投入锅中，待火熄灭后把锅从炉子上端下。

（2）电线或家用电器着火，应迅速切断电源。在带电情况下可用二氧化碳、1211灭火器、干粉灭火器灭火，并注意人体不要接触电器。

（3）液化石油气罐着火，如火小应立刻关闭阀门，切断气源；如火势较大，应立即关闭门阀，并及时呼救、报警。

2．防触电

不在电线下放风筝，不爬电线杆，不乱拉电线，不用湿手接触电器装置(插头、插座、灯头等)，更不用手摸盖子已破损的电器插头。

3．防煤气中毒

即一氧化碳中毒。煤球、木柴在燃烧不完全时会产生大量一氧化碳。使用煤炉取暖，一定要安装有效风斗，并经常保持通风良好。在使用没装烟囱的火炉或火盆时，应在室外将煤球、木炭烧红后再拿进室内，并不要把房间门窗关得太严。睡前把火炉或盆移至室外。使用有烟囱的火炉，要打开火炉后门，晚上睡觉时更应注意检查。使用煤气热水时一定要打开窗通风，以免发生煤气中毒。

三、交通安全生活常识

注重交通安全、防止交通事故、确保安全与健康已成为当今世界的一个重大社会问题。“交通事故猛于虎”，第二次世界大战以来，全世界已有300多万人死于交通事故，1亿多人在交通事故中致伤致残，美国国家安全委员会将事故分为4类（机动车事故、家庭事故、工业事故和社会事故），而把机动车事故，即交通事故列在首位。交通事故在我国的发生率也很高，许多人一瞬间失去健康或生命，家庭失去美满和幸福，使很多青少年对未来的梦想化为泡影。

1．行人的交通安全

行人要走人行道，没有人行道的要靠路边走，不要走在路中央。

行人穿越马路时，要走人行横道（斑马线）。有人行天桥或隧道时，要走天桥或隧道；经过隧道时须直行通过，不要斜穿。

雨雪天路滑，汽车制动距离延长，行人也容易摔倒，不要仓促横过马路，要看清路，走稳。不要在车辆靠近时，突然横穿马路。

下公共汽车后、横过马路要走人行横道线，不要从车前、车后穿越。

大人带孩子外出，大人要挨着车道那一侧行走。幼儿在马路对面时，千万不要招呼孩子，最好的办法是大人自己走过去。

搬运笨重物品时，须在人行道的右边行走。

不准翻越交通隔离带横穿马路。

不准在道路上扒车、追车、强行拦车或抛物击车。

放学或集体外出活动时，必须在老师或家长的带领下，有秩序地排队前进。不要三五成群拉拉扯扯、打闹、嬉戏，以免分散注意力。

带小黄帽的学生，也要遵守交通规则，切不可横冲直撞。穿艳丽服装的小朋友，虽然容易使司机看清而主动避让，但也应靠边行走。

雨天撑伞时，不要挡住视线，要看清路面、车辆，靠边行走。

上学路上如遇风沙，不要侧身或倒退而行。

不准在车行道上招呼出租汽车。

2．骑车安全

骑车“四忌”：

（1）忌骑车不依规矩，见缝插针，三五成群并肩骑，边骑边聊，或扶肩相携而行。这样不但使别人难以前行，而且容易发生事故。

（2）忌在交叉路口不听指挥，与机动车争道抢行。

（3）忌拐弯时不伸手示意，截头猛拐。

（4）忌骑车带人，走快车，左侧逆行，双手离把，攀扶其他机动车辆，在马路街道上学骑自行车。

冰雪天骑车不要猛捏闸，制动应缓。车胎不宜充气过足，应增大摩擦系数；保持车距以及时躲避险情；不宜骑快车；选择浅雪层、无冰冻平坦路面行进；不宜急拐弯，拐弯角度要尽量大，并且身体保持相应平衡；不宜快速闯坡或滑行。

意外情况下要进行自我保护。骑车时首先要谨慎小心，避免跌倒。一旦发生意外，将要跌倒时，应迅速、果断地把车子抛掉，绷紧全身肌肉，身体向另一侧跌倒，并尽可能用身体的大部分面积与地面接触，不要用单手、单脚或单肩着地，也不能让头部先着地。

小结

随着经济体制的转变，社会经济发展日趋国际化，社会生活也随之变得日益复杂，社会中不稳定因素增多。处于青少年时期的我们年纪尚小，社会经验不足，面对复杂的人和事无妥善应对之法，导致被伤害事件时有发生。因此，增强自我保护意识显得尤为重要。

增强自我保护意识，首先要小心来到我们面前的人，了解坏人作案的方法，熟记面对紧急情况时的应对办法。其次，毒品的危害性也须高度重视，牢固筑起拒绝毒品侵害的防线。再次，我们日常生活中还须牢记种种安全常识，包括防火、防电、防煤气中毒及注意交通安全等。

心理训练营

遇到这类情况怎么办

请思考生活中是否遇到过如下情况，倘若遇到该怎么办？

1．当你一个人在家时，一个陌生人来敲门，说是你父亲的同事，你怎么办？

2．晚上，你从奶奶家回来，遇到一个陌生人向你问路，并要求你送他到100米外的车站，你会按他的要求做吗？

3．外地小贩在胡同里叫卖游戏机、游戏卡、变形金刚等玩具，你可以买他的玩具吗？

4．你第一次独自去叔叔家，下车后迷了路，怎么办？

5．星期天，你一个人坐公共汽车外出，口袋里的钱被小偷偷去了，你怎么回家呢？

第七单元
加强自我心理保健，正确对待各种心理问题

扭曲心理导致的人生悲剧

2004年2月23日13时许，云南大学生命科学学院生物技术专业4名学生被发现死在该校学生公寓里。通过指纹鉴定及调查发现，案发前这4名学生的舍友马加爵行为异常，并已于2月16日21时后失踪，公安机关遂认定马加爵为此案重大犯罪嫌疑人。

公安部于2月24日发出A级通缉令，部署全国公安机关缉查马加爵。各地公安机关按照公安部的部署布下了天罗地网。3月15日晚8时许，海南省三亚市公安机关根据群众举报的线索，将伪装成乞丐的马加爵一举抓获。

经初步审查，马加爵交代了因与4名被害同学发生矛盾，为报复泄愤，于2月13日至15日先后将4名同学杀害的犯罪过程。

马加爵1981年5月4日出生在广西壮族自治区宾阳县宾州镇马二村，这里紧挨着宾阳县城。

孩提时代，马加爵没有受到家庭特别的呵护，他的身上也没有其他同龄人好动的性格特点。“他从不无理取闹，或者像很多小孩那样要这要那。”母亲李凤英说，“他唯一的兴趣就是一个人孤独地坐着，他很少出去玩，通常和我在一起。”

马加爵是一个孝顺、懂事的儿子，他的父母也很疼爱他，但他们之间的沟通却是有限的。在马加爵的父亲马建夫的记忆里，他记不得自己曾经同儿子开心地玩耍过，也没有与儿子进行过长时间的交谈。他希望儿子快乐，却很少说出口。

2000年9月，马加爵在父亲马建夫的陪伴下到他被录取的云南大学报到，他非常喜欢自己选择的生物技术专业。父子俩带上了家里的全部积蓄——6000元存款，除了留下回去的车费，马建夫将剩余的钱全都交给了儿子，这是他为儿子大学4年提供的最大一笔费用。之后，儿子没有向他开口要过一分钱，但他断断续续给儿子邮寄了几次生活费。“我给他的钱总共不超过1万元。”马建夫说，“他不要钱，说有助学贷款，他还在打零工挣钱。”

大一时，寡言少语的马加爵试图改变自己孤僻的个性，融入大学生活。他的一位不愿意透露姓名的同学说，看其他同学幽默地开玩笑，马加爵有时也会想表现一番，但往往弄巧成拙，反而让大家觉得他很可笑。他开始怀疑一切，变得有些神经兮兮，而且脾气越发暴躁乖戾。

有时，其他人在宿舍一起说笑，他就认为笑声中包含着对他的嘲弄，为此少不了动怒、吵架、摔门。慢慢地，他说话的次数越来越少，发脾气的叫声却越来越大。随着时间的推移，他同寝室室友之间的积怨越来越深，冲突严重时，他甚至动手打人。

“大家都觉得他心理有问题，每次同别人闹不愉快，他从不反思自己，总认为是别人找他麻烦。后来，大家只能疏远他，但绝没有料到他会如此极端。”马加爵的一位同学说，“一段时间里，不被别人接纳的他变得不羁与反叛。”

他独来独往，没有参加过任何社团组织，他把头发故意理得很怪，这样看起来更加凶悍。他还苦练体格，早上6时不到就到操场上长跑，到了冬天只用冷水洗澡。

马加爵的大学女同学给他的评价是：他平时看起来就给人一种不太舒服的感觉，有时候在教室楼道内遇到他，由于楼道光线不好，他就会给人一种阴沉沉的感觉，能吓人一跳。“他这人太怪了，没有人敢接近他。”

当他在篮球场打球时，如果别人没打好或不小心撞了他一下，他就会翻脸骂人，时间一长，也没人敢跟他一起打球了。久而久之，他找不到倾诉的对象，而遥远的家人并不清楚他内心的痛楚。大学期间，他和父母的沟通几乎为零，老实的父母并不能敏感洞悉儿子的复杂心理。

他的同学说，他越来越孤僻，成为一个有严重神经质的大学生。原本丰富的大学生活对马加爵而言逐渐变成一种折磨。“走上杀人这条路，是他长期压抑的被扭曲心理的畸形宣泄。”他的同学说。

在马加爵的老家屋内，有一幅他收集的水墨画，上面写着一个特大的“忍”字。这说明，他很早就意识到自己的性格缺陷，但他没有寻找理性的方法拯救自己，而是选择了可悲的报复手段。

案发前的一天，马加爵和邵瑞杰等几个同学打牌，邵瑞杰怀疑马加爵出牌时作弊。邵瑞杰当着众人的面说，“没想到你连玩牌都玩假，你为人太差了，难怪龚博过生日都不请你……”

马加爵杀人的起因，不在于玩牌发生摩擦，而在于争吵时受到了精神上的严重打击。他觉得自己作为一个极其“耻辱”的弱者被暴露在光天化日之下了。不仅是难以忍受的羞辱，而且还有他难以改变的弱者命运也被“全社会”作为事实而公认了。这里面依然摆不脱贫穷造成的自卑心理对他的致命影响。

这样的话，对任何人都是极大的羞辱，更何况马加爵对别人给自己的评价非常的敏感。这句话显然对内心极自尊又极自卑的马加爵造成了“毁灭性的打击”，他本来就深为自己的社会性存在紧张着，邵瑞杰是他认为自己在班上唯一的知心朋友，两人同住一室，而且是广西老乡，放假时常常相伴回家。邵瑞杰对他的批评，被他敏感的神经放大成是对自己的彻底否定。于是，他彻底绝望了，感到自己已经无法立足于社会，他“活不下去了”，也不想活下去了。于是，他就要“狗急跳墙”，报复不允许他“活下去”的人们。如果说案件的发生存在偶然性，那么邵瑞杰的这句不当的话就是给导火索“点着了火”。它给我们的教训，就是说话千万不可严重地伤害他人的自尊心。古人说：“良言一句三冬暖，恶语伤人六月寒”，这种语言的威力之大，往往是说话者意料不到的。

别人对他的否定，使敏感的他产生了自己根本挑不起这个担子的感觉，于是，他感觉到自己已经失去了生存下去的精神支柱。在这种情况下，他走上了与不接纳自己的“环境”同归于尽的犯罪道路。

真正决定马加爵犯罪的心理问题，是他强烈、压抑的情绪特点，是他扭曲的人生观，还有“以自我为中心”的性格缺陷。

讨论

1. 从马加爵的案例中，你能得出什么启示？

2. 生活中，我们每个人都会遇到一些心理问题，你能与老师、同学敞开心扉聊聊自己内心的真实想法吗？

第1课 青春期的心理特点

青春期的心理特点不仅老师、家长要掌握，我们自己也要了解。这样有利于调整自我心理，保障青春期心理健康，以利于成才立业、发展个性、适应社会需要。

青春期的生理发展为心理发展奠定了基础。青春期的心理特点，应根据青春期年龄阶段来考察分析。青春期通常被称为“青春发育期”，是从少年时期向成年时期过渡的阶段，相当于小学后期和整个中学阶段，一般指十一至十九岁这个年龄段，其中十一二岁至十四五岁为少年期（青春早期），十四五岁到十八九岁为青年初期（青春期）。少年期具有一种半儿童、半成人的心理特征，正处在半幼稚、半成熟的时期，是独立性和依赖性、自觉性和幼稚性错综矛盾的时期，是心理发生巨大变化的时期。青年初期具有趋向独立性、趋向成人化的心理特点，处于独立走向社会生活的准备时期，是心理发展趋于成熟的时期。考察整个青春期的心理发展，这一时期是我们的心理由半儿童、半成人心理向成人心理迅速发展的时期，是一个由半独立走向独立、半成熟走向成熟的心理发展关键时期。

青春期的心理发展特点，突出地表现在思维、情绪、意志和个性发展上。

在思维发展上，少年期在观察的自觉性、稳定性、精确性方面有了明显的提高，抽象逻辑思维开始占有相对优势。我们能根据抽象的命题进行逻辑推理，但这种推理基本属于“经验型”，由于易受情绪和兴趣的制约，显得片面和肤浅。青年初期，抽象逻辑思维由经验型向理论型水平发展。我们开始将各种经验材料做出规律性的概括，用理论指导拓展知识领域，抽象逻辑思维已占优势，思维的独立性、批判性和创造性有了明显发展。我们对他人的想法和观点一般不轻信和盲从，观察事物具有目的性和系统性，能从事物的本质和各种主要细节、事物因果关系上分清主次，喜欢标新立异，发表独立见解，但水平较低，观点常常偏激，难免片面和表面化。

在情绪发展上，情感丰富易变。少年期情绪易产生动荡，具有明显的两极性，活泼而富有朝气，易冲动，不善于克制自己，行为不易预测，这一时期是最令人操心的危险的年龄阶段。在待人接物上，情绪色彩浓厚，心情好时，成天兴高采烈，心情不佳时，整天闷闷不乐，情绪与理智的矛盾比较突出。自控能力较差，理智的防线较弱，常常偏激、片面，想得极端，做得更极端。在对待父母和教师的情感上，往往是矛盾的。在独立意识驱使下，我们不服家长、老师的管教，对家长的关心，表现出反感的情绪。但由于经济的不独立，学识浅薄，还要依赖父母、老师。独立性和依赖性成了我们这一时期的心理矛盾。青年初期，由于人生观基本形成，对人生的意义和价值有了自己的观点。这一时期，少年期的对抗性会随着教育引导和社会规范的约束以及人生观、世界观、价值观的形成而逐渐转变为顺从和适应。青年初期的情绪带有文饰和曲折的特点，常常把自己的内心世界隐藏起来，对父母和成年人呈封闭状态，在封闭自我的同时，又会感到孤独。这一时期，我们把自己当作独立的社会成员，努力使自己成为最理想的人，常以伟人、英雄人物作为榜样，对自己提出要求，加强自我教育，进行自我规划，鞭策自己成为有用的人。

在意志发展上，少年期在行动中已有明确的目的性和主动性。在行动方面常为个人利益所驱使，情感易变，意志不稳定。青年初期，由于世界观逐渐形成，在行动中，我们能够比较自觉地把个人的目的和社会的目的融合在一起，根据自己的观点和信仰采取相对的行动，克服少年期草率行事、盲目行动的缺点，逐渐明辨是非。

在个性发展上，自我意识的发展最为明显。少年期，我们对人的内心世界、内心品质有了了解，开始要求了解别人和自己的个性特点，了解自己的体验和评价自己，同时评价别人的个性、品质。自我意识发展的最大特点是成人感的形成，极力想表现出成人的作风和气魄。但是，在自评和互评的问题上，常常不客观、不全面、不稳定。青年初期，自我意识进一步发展，表现为能独立、自觉地按照一定目标和准则评价自己的品质和能力。在道德意识、道德行为上日益加强，情感上不再依赖父母，开始独立地选择自己喜欢的事物。但是，自我意识的发展还处于不够成熟的阶段，分析评价自己还达不到深刻的水平，甚至还不稳定。我们希望父母、老师对自己的行动不做严格限制，我们要自由支配时间，捍卫自己的观点和评价标准，因而，易与家长、老师产生分歧。

概括起来，青春期的心理特点离不开五对矛盾：一是封闭性与孤独感；二是独立性与依赖性；三是对抗性与顺从性；四是情绪化和理智性；五是求知欲与辨别力。我们应该很好地认识青春期的心理特点，更好地把握自己。

第2课 如何克服各种心理问题

一、克服害羞心理

在学校里，只要稍注意观察，就不难发现有些学生存在着害羞的现象。课堂讨论时，他总是低着头，举起的课本遮住了脸部，让你无法看清他的表情；课间休息时，同学们你追我赶、嬉笑打逗，害羞的学生却远远地站着；课外活动时，同学们打球、下棋，害羞的学生独自徘徊在运动场边，若有所失。这些学生因害羞而不敢开口，不愿与同学们交往，内心深处往往充满着孤独与苦闷。

害羞是青少年中一种较为普遍的心理现象，它是指一个人在社交活动中，特别是与陌生人或异性交往时，产生的一种紧张、拘束乃至尴尬的心理状态。这种心理状态往往会给自己造成很大的心理压力。有些人在任何时间、任何场合都有害羞心理，不愿与人交往，不敢与人交往，这就是一种心理障碍了。

导致害羞的原因有很多，先天因素是最大的原因。有些人生来性格内向，气质属于粘液质、抑郁质类型，他们说话低声细语，见到生人就脸红，常怀有胆怯的心理。教育不当是另一个较大的原因。儿童时期的“认生”不能一味听之任之，如果不加引导，很可能形成“怯场”，变得胆小起来，见到生人，到了陌生的地方，便会习惯性地害羞、躲避，没有自信心。进入青春期后，敏感于别人对自己的评价，希望自己有一个“光辉的形象”留在别人的心中，为此，对自己的一言一行格外重视，唯恐出差错，这种心理状态导致其羞于与人接触、羞于在公开场合讲话。缺乏自信也是一个重要原因。总认为自己没有迷人的外表，没有超人的本领，因此在与他人交往中没有自信，患得患失心理很重。这种低估自己的认知偏差常常是导致害羞的最重要的后天原因。

那么，如何摆脱害羞心理的困扰呢?

（1）正确估价自己，善于发现自己的特长。平时不要过分注意自己身上的短处，要多想想自己的长处。即使做错了事，失败了，也并不等于自己无能，俗话说得好："失败乃成功之母。"发明大王爱迪生为了找到可以用作灯丝的材料，试用了近两千种材料，最后终于发现钨丝是最佳的材料。这种精神是值得每一位害羞者思索的。

（2）遇事要有自信心，切忌自悲自怜。寸有所长，尺有所短，否定自己是对潜力的扼杀，是自我能力发挥的障碍。万事开头难，当害羞者迈出可喜的第一步后，就会感到：人为设置的障碍不过如此。这样就可能对自己形成一个比较自我肯定的评价，害羞心理也就会消失。

（3）不要过分关注别人对自己的看法。俗话说："金无足赤，人无完人。"每个人都有优点和缺点，所以不要过分关注别人对自己的看法。"有则改之，无则加勉"，是对待别人评价的正确态度。

同时，还可以循序渐进地掌握一些技巧。

（1）大胆说话，人际交往就成功了一半。大胆表明看法，才能起到交换意见、沟通情感的作用，否则内心永远是封闭、沉寂的。

（2）通过想象，消除害羞心理。当独处时，可以想象在一定程度上自己已经克服了害羞心理。比如，静静地闭上眼睛，想象自己自信、成功地站在讲台上演讲，不再胆怯害羞。

（3）角色扮演法。与陌生人相见之前，可采用角色扮演法——"空椅子法"（即与想象中的令自己胆怯、害羞的人对话）来练习，控制自己的胆怯心理。

二、克服紧张心理

心理学家做过一个实验，用动物来模拟人的"紧张状态"。他们将狗关在一个大房间里，房间里有足够的食物和水。心理学家整天整夜地用光和声响恐吓这些狗，使它们紧张起来。经过几天的实验，发现有的狗在紧张的气氛中变得精神抖撖，视觉、听觉和动作变得敏锐，到处寻找逃生的出口；有的狗全身发抖，夹着尾巴，甚至变成了“狂犬”；有的狗则变得行为迟钝，萎缩在角落里睡着了。

紧张对人和动物都有刺激，如同动物受刺激后反应不同一样，人在紧张状态下的反应也各有不同。有的人乐于忍受压力，越压越兴奋，快节奏使其感到舒坦；有的人却不然，一旦遭受强大的压力，便会心神不宁，不知所措，以致失眠。每个人只要注意观察自己的应激表现，就可以了解自己在什么程度的紧张状态下工作情况最好。但紧张一旦超过了自身的承受力，就会产生许多不良的影响。

那么，为什么会产生过度紧张的心理呢？

（1）素质因素。一般多见于性格内向的人，从小就表现出胆小、敏感、羞涩、容易紧张等性格状态。

（2）生理因素。进入青春期后，人体发育加速，此时若有睡眠不足、过度疲劳或心律失常等症状发生，均可引起焦虑，造成恶性循环。

（3）自我强化作用。由于几道难题做不出或与异性交往时受到讥讽，以后即使遇到不太难的题目也会目瞪口呆，一遇到异性就会惶惶不安，这样的事情重复上演，日益强化。

其实，人体有强大的能量足以抵御一次急剧的紧张，而人之所以最终失败，是由于无法挡住频频而来的紧张感的侵袭。例如，机场附近的居民，遭受可怕的、每日不断的噪声侵扰，他们患高血压、心脏病以及自杀的概率比安静地区的人大得多。长期的紧张导致人体中产生化学变化，引起血压升高、动脉硬化、免疫能力下降以及其他一连串的问题。

孔子说得好，“张而不弛，文武弗能也，弛而不张，文武弗为也，一张一弛，文武之道也。”由此可见，人们在安排日常生活时，既不要过分紧张，也不要过分松垮，应把生活安排得充实一些，使生活的节奏处于适度紧张的状态，并且把这种生活看成是一种乐趣，这会使生活变得丰富多彩。

美国心理学家对数百家大公司的经理进行调查，结果表明：处于适度紧张状态下的经理，其生病和生重病的机率比工作轻松的同事要少得多，而且有成就的经理往往渴望有竞争性的环境，觉得这样更令人兴奋，更能提高工作效率。日本人的平均寿命在全世界名列首位，而日本人是非常讲究工作效率的，他们的生活和工作状态比一般国家的人要紧张。

由此可见，适度紧张是提高工作效率、保持健康的一剂良药。

当产生过度紧张的心理时，该如何来调节呢？

（1）采用自我暗示与深呼吸相结合的方法。可以对自己说："我现在很镇定。""我的心跳得很均匀。""不要慌，没什么了不起的。"同时做缓慢的深呼吸，通过鼻子慢慢地吸入空气，使胸腔扩张，然后从鼻子呼气，默默地说"放松"，这样往往能稳住自己的情绪，顺利度过紧张的时刻。

（2）大笑。当我们大笑时，心肺和身躯都得到了快速锻炼，胳膊和腿部肌肉都受到刺激。大笑之后，血压、心率和肌肉张力都降低了，从而使自己放松。

（3）学会娱乐。合理安排工作与休息时间，把学习的目标定得适合自己的性格，不对自己求全责备，既会紧张工作，又能享受娱乐，有张有弛，保持心理和肌体的平衡。

以上这些简单宜学的方法，或许能让你从过度的紧张中摆脱出来，不妨一试。

三、克服嫉妒心理

某女孩是班级里学习成绩优良的学生，她最大的缺点就是不肯帮助学习有困难的同学，生怕别人经她的点拨和帮助后，学习成绩超过自己。类似的情况，在社会生活和人际交往中屡见不鲜。有些人总对别人的成绩加以挑剔、贬低、蔑视，对别人的进步感到沮丧、恼怒，而对他人工作、学习等方面的失败感到庆幸。

这是人际交往中的一种心理障碍，心理学家把这种人际态度的负向情感认定为嫉妒。嫉妒者以别人的成绩、荣誉、名望、地位、财产、能力、技术、相貌、衣着等为嫉妒的内容，甚至他人的职业、生活、专长、专业、社交、仪表、爱情也可成为自己嫉妒的内容。嫉妒就是恐惧他人优于自己的一种情绪状态。嫉妒心理在很多人身上都不时会有表现，是一种较普遍的社会心理。

培根说过："嫉妒这恶魔总是在暗地里悄悄地毁掉人间的好东西。"社会生活中，嫉妒心理的存在和发展，有碍人的进步、事业的发展、人际和谐、群体团结、社会稳定，甚至可能成为诱发罪恶的根源。嫉妒心理是社会生活的一贴腐蚀剂。

嫉妒是一种利己主义的负向情感，它是以虚荣心为基础的荣誉观的表现。在社会生活中，我们经常会看到一些嫉妒心重的人因嫉妒而焦虑、疑惧、无事生非、恶语中伤、蓄意报复。由此可见，嫉妒心理具有明显的发泄性。倘若让这种负向情感继续发展，进而失去理智，攻击他人，以此来维护自己的自尊和虚荣，便会演变为嫉恨，造成对社会更大的危害。嫉妒心理和行为对社会生活的危害是不言而喻的。克服嫉妒心理就维护自身的心理健康、保持人际关系和谐、倡导社会主义精神文明而言，都是非常必要的。

从以下几个方面努力，可有效地克服嫉妒心理。

（1）要意识到自己存有这种不健康的嫉妒心理，并能认识到它对自己和他人的危害，这是克服嫉妒心理必须具备的首要条件。

（2）要客观地认识自我。承认社会生活中的每个人由于主、客观条件的差异，相互之间会存在不同和差距。要冷静、正确地评价自己，真正达到“人贵有自知之明”的境界，找出与他人的差距，认识到自我存在的不足，扬长避短，开拓自身潜能。人若能认识到这一点，可在很大程度上克服嫉妒心理。

（3）克服狭隘心理，开阔心胸视野。狭隘心理就是人们常说的气量小，心胸狭窄，容不得别人超过自己。一个人的心胸狭隘与他的思想修养、道德水平、文化素质、社会经历和性格品质有关。筑造博大的心理空间，淡化自我，摒弃私念，开阔心胸，克服狭隘的自私心理，就不会为别人的“领先一步”而心怀不悦，产生无谓的烦恼。

（4）注意人际交往，增强心灵沟通。社会生活中，存在着人与人之间信息、情感等方面的广泛交流。随着社会开放水平的拓展，人与人之间交流的频率也在增加。在广泛的人际交流、信息交流中，我们要做到开拓自己的生活空间，发现社会生活的丰富多彩，开阔自己的胸襟。相反，倘若长期生活在抑郁闭塞的环境里，与周围的交流受抑，所获信息有限，情感沟通不多，就容易变得心胸狭隘，容不得他人的成就和进步，也易产生嫉妒心理。

（5）提高生活情趣，充实生活内容。一个人若为自己的工作和追求忙得不可开交，全身心地埋头于自己的事业，就无暇去嫉妒别人。只有饱食终日、无所事事的人，才会去拨弄是非，对别人的进步和成就愤愤不平，产生危己害人的嫉妒心理。

四、克服自卑心理

学校里师生间常会出现这样的对话："×××，请讲一下你的看法。""不，老师，你让其他同学讲吧。""这次联欢会，你出个节目吧？""不行，不行，我不会表演。"……像这种还没有开始做某件事，就已断定自己不行的情绪，就是我们通常所说的自卑。

"自卑"一词源于拉丁文，原意为"低下"或"下等"。当一个人在与他人或某种标准进行比较时，发现自己在某些方面不如他人，或达不到标准要求，就有可能产生自卑心理。如果这种自卑心理得不到积极的补偿，没有把它转化为前进的动力，那么伴随而来的就可能是嫉妒和猜忌，再发展下去便会出现其他一系列消极因素，包括愤怒、排斥、积极性丧失、把精力全部花在对手身上，等等，从而导致自卑心理的产生，使个体的自我发展受到阻碍。

自卑者总感到各方面低人一头，缺乏自信，悲观失望，烦恼苦闷，心境恶劣。自卑心理是一种消极的心态和不良的心理品质，如果任由其发展下去，将使个人失去希望，从而自暴自弃，"破罐子破摔"；或者怕与别人交往，变得沉默寡言，情绪低落，导致偏执、孤僻、社交恐惧等心理障碍的产生。因此，过分自卑就等于是自我毁灭，我们必须克服自卑心理。

要想克服自卑心理，就要找准原因，对症下药。产生自卑心理的原因主要有以下几类。

（1）生理缺陷。形象不够好，身体某器官存在先天缺陷或损伤（如个子矮、面容丑、手脚慢、智力低等）。

（2）性格障碍。猜疑心重、缺乏热情和朝气、遇困难退缩、凡事拿不定主意等，这种软弱的性格，是自卑产生的主观因素。

（3）认知偏差。过分注意他人和自己，总感到他人看不起自己，非常害怕别人评价自己，只看到自己的短处而看不到长处。这种人最容易陷入自卑的泥坑。

（4）挫折。当个人在生活、学习或工作中遇到阻碍和干扰，遭受失败时（如考试成绩差、上进心遭到别人的挖苦、自尊心得不到应有的满足、与同学关系处理不好等），往往会在心理上受到挫伤而灰心丧气，进而产生自卑心理。

一个人产生了自卑心理，该怎么办呢？自卑者，自以为卑，自己认为不行，实际上并不是真的不行。为了克服自卑感，我们需要从以下几个方面入手。

（1）调整认知，实事求是。自卑的人要学会实事求是地剖析自己，想想自己是不是所有地方都比别人差，自己到底有没有优点，多表现自己的优点，用优点战胜缺点。如亚历山大、拿破仑，尽管身材矮小，但他们充分发挥了自身的智慧及指挥才能，从而在军事上获得了辉煌成就；又如数学家陈景润语言表达能力比较差，当中学教师没当好，但他很明智地把“表达能力差”这个缺陷丢到一边，而把更大的精力放在发挥数学研究这一主要优势上，结果取得重大突破，成为令人尊敬的数学家。

（2）停止比较，集中精力去学习和工作。每个人都有自己的长处，一个人如果去跟周围所有人的各种长处相比，肯定会发现自己的各种缺点，这样比较的结果自然是越比越泄气，越比越自卑。这时，我们应该立即停止这类比较，而将自己的注意力集中到学习和工作中去，通过努力完成既定的任务和实现既定的目标，去体验成功的喜悦，获得自信。俗话说得好，“勤能补拙”，自卑是于事无补的，唯有加倍努力，才能赶上别人，超过别人。

（3）改变性格，积极向上。同样个子矮小，同样一次考试成绩不理想，为什么有的同学会自卑，而其他的同学却不会呢？因为自卑者往往都具有软弱的性格，只有积极改变自己的不良性格，主动与别人交往，不胡乱猜疑，乐观上进，坚决果断，凡事不犹豫，才能摆脱自卑心理。一个积极向上的人，相信自己能实现自己所追求的目标，相信自己有克服困难的勇气和能力，最终也会获得成功。

（4）树立合理的抱负。有的人希望自己将来能成为科学家，这种抱负超过了自己的实际能力能达到的水平，即使竭尽全力，也难以成功，容易引发失落感而产生自卑心理。个体必须放弃对超越自己能力的事物的追求，唯有如此，才能找到平衡，才能发现处处有机会，才会克服自卑心理。须知，行行出状元，当科学家并非最理想的人生追求。

总之，自卑者要振作起来，千万别自寻烦恼。成功属于那些正视自己、相信自己、肯定自己、不断充实和完善自己的人。

五、调节考试心理

“考、考、考，老师的法宝；分、分、分，学生的命根。”在现行教育体制下，对学生的学习、生活、身心发展影响最强烈、最深刻、最持久的教育手段，莫过于考试。面对考试，我们别无选择，只能勇敢面对。

我们往往因为受到环境、生理、心理以及应试技巧等各种因素的干扰，在考试中不能充分发挥出自己的水平和才能，影响成绩，许多学生由此产生心理上的挫折感、失败感与自卑感，如此恶性循环，形成考试综合症。因此，如何调节好考试心理，提高应试能力，日益引起广大老师、家长、学生的思考与关注。

心理学研究表明，焦虑情绪是影响考试成功的最重要的心理因素之一。考试焦虑是一种负性情感状态，能给人带来不愉快乃至痛苦的情绪体验。过度的焦虑会使大脑处于抑制状态，导致注意力的分散和记忆力的减退，严重干扰逻辑思维的形成，影响水平的发挥。因此，要调节考试心理，关键在于消除考试焦虑情绪。而要消除考试焦虑情绪，首先必须分析形成考试焦虑情绪的根源。造成我们产生考试焦虑情绪的原因很多，大致有以下几点。

（1）自我心理压力过大。我们往往把考试同命运联系起来，把考试的成败与命运的成败等同起来，过于看重考试的结果，产生对未来前途的担忧。

（2）父母、老师对学习成绩的期望值过高，以及同学之间的无形竞争导致的压力。唯恐考试失利，无颜面对父母、同学，把考试成绩与自我能力混淆起来，担心他人的评价，怕丢人，产生对自我形象的担忧。

（3）长期以来因考试失败所形成的对考试的恐惧与消极态度深入到潜意识内，而引发消极的自我暗示作用，对自己的智力与能力持自卑、怀疑态度。

（4）对自己考试前的复习、准备缺乏应有的自信心，总认为自己没有其他同学准备得充分。要克服考试焦虑情绪，关键在于勇于面对现实，进行自我分析，把内心的担忧、恐惧、焦虑逐条用文字记录下来，这样就能清晰地认识到自己产生焦虑情绪的原因，然后逐步消除这些消极的态度与情绪。这里，最重要的一点在于打破原有的心理定势，改变认知，用新的逻辑思维来重新分析、评价自己原有的想法。例如：

（1）重新认识考试的功能。考试只是对自己学习状况的一种检测。人的一生中要经历无数次各种形式的考试，有无数次的机遇，一次考试的成败怎能决定命运呢？

（2）重新认识自己的能力与他人的评价。每个人的能力固然有高低，肯定有些人的能力比我们强，但也有许多人的能力不如我们，我们的竞争对手是我们自己。只要我们已竭尽全力，便应问心无愧，因此，完全不必去过分计较他人的评价。

（3）重新认识考前的准备工作。临考前，不少学生开夜车、搞题海战术，这不是复习的好方法，不要认为自己没有人家复习的时间多而焦虑，因为考试主要体现知识掌握的系统性与运用性，而这些不是临时突击所能解决的。因此，应该十分重视平时学习的系统性，面临考试应充分相信自己平时的积累，精神放松，复习安排要劳逸结合，睡眠要充足；考试时，充满自信，使思维处于最佳状态，这样，才能有最佳发挥。而过于担忧自己的复习准备，大搞疲劳战术，则会使大脑负荷过重，导致考试时大脑兴奋与抑制失调，影响正常的水平发挥。

（4）重新认识考试失败。考试失败怎么办？事实上，这不是考试前应思考的问题。考试当前，谁也不能预料结果，先担心失败，这是无谓地分散精力，是不明智的。面对考试要有一种“狭路相逢勇者胜”的气概，要排除一切不必要的干扰。即使考试真的失败了，也不必悲观绝望，我们可以从失利中总结原因，通盘考虑，重新制订目标，一切可以重新开始。

同时，为了进一步调节考试心理，控制考试焦虑情绪，我们还可以进行放松训练，例如，每晚静坐十分钟，排除杂念；进行肌肉紧张、放松练习；进考场前做深呼吸，使情绪放松等。

第3课 如何加强自我心理保健

心理因素不仅影响人的健康和寿命，还关系到人生的质量和成败。充分发掘和利用自己的潜能是创造人生、享受人生、提高生命价值的重要条件。美国教育家卡耐基认为，一个人事业的成功，只有15%是由于他们的学识和专业技术，而85%是靠良好的心理素质和善于处理人际关系。心理平衡是心理健康的主要标志，它是指一个人的内在心理因素与外部环境处于相对适应的状态，而心理因素是影响人心理平衡的根本原因。自我心理保健，就是运用各种科学可行的方法，自我调节心理因素，促进心理平衡，达到心理健康。一般的心理问题、心理障碍的预防与治疗，都可以经过自我心理保健来实现。

一、心理保健的原则

自我心理保健，首先要掌握心理保健的原则。心理保健的原则主要有以下几点。

（1）良好的自我意识。自我意识良好，最重要的是自知和自爱，就是要悦纳自己，爱惜自己，保护自己，重视身体健康，珍惜自己的良好品德和荣誉，并以此取得别人的尊重和友谊，适应环境，求得事业和自身的发展。它表现为一个人有自尊、自信、自强、自制的能力。

（2）社会适应自如。能客观地认识社会，做出科学的评价，面对各种问题不退缩、不幻想、不逃避；能正视各种社会问题，切实处理，做出正常有效的反应。

（3）良好的人际关系。与周围的人能和谐相处，有朋友往来，乐于助人，能接受别人的情感与帮助，与他人相互关心，促进身心健康和事业发展。

（4）积极劳动创造。通过社会实践、劳动创造，不断对社会做出贡献，不断促进个体发展。

二、心理保健的方法

自我心理保健，应掌握科学的心理保健方法。这些方法主要有以下几类。

（1）乐观开朗，面向光明，培养正确的人生观。参与多种社会活动，发展健康的性心理，正确对待自己与异性的关系，丰富自己的精神生活，促进思想健康。

（2）适度紧张，身心和谐，保护好大脑和神经系统，维护其正常的功能。努力学习，刻苦钻研，但学习活动不过量，负担不过重，持续时间不过长，防止失眠、疲劳、头晕、头痛、记忆力减退、注意力分散，保证足够的休息和睡眠。积极参加各种文体活动，充分发挥各种活动的心理调节功能：唱歌，调畅情志，悦神爽身，健身却病；听音乐，陶冶性情，调整心境；跳舞，舒筋活血，释放消极情绪；书法，移情易性，养心开窍；绘画，寄托情怀，抒发郁气；阅读，引起情感共鸣，抑制乱情；体育锻炼，松弛身心，强身健骨，促进身心健康。

（3）应用心理保健技术，保障心理健康。心理防御机制是主要的心理保健技术，是人们为应对心理压力或挫折和适应环境而使用的一种策略。这种策略，一般人是在不知不觉中运用的，例如，一个人被他人欺侮而又无力反抗时，以“虎落平阳被犬欺”自慰就是一种心理防御措施。要不断调整或重建心理防御机制，使自恋的、不成熟的、神经症的心理防御机制转化为成熟的心理防御机制。积极进行自我心理调节，保护自尊心、情感、人格免受伤害，获得心理平衡，更好地适应环境。

（4）运用心理疗法，进行自我心理治疗，调节心理。促进健康的心理疗法众多，常见的有精神分析法，即对自己的心理问题、心理障碍，诸如忧郁、恐惧、疑虑、不安全感等，首先采取不回避、不否认的态度，承认它的存在。其次，认真分析产生的原因、重复诱发的原因。再次，找亲友谈心、查资料、找书籍，对产生心理障碍的原因加以否定，直到排除心理障碍，以后出现时，便可用理性去战胜它。宣泄情绪法，如写日记、给自己写信，毫无保留地把烦恼“吐”于文字，记下自己的哭、恨，压抑的心情就会随笔锋而解脱。其他的还有自由联想法、系统脱敏疗法、森田疗法等，可以根据自己的特点选用，把自己原始的需要、动机、欲望，投射到学习中去，执着地追求高尚的目标，实现人生的升华。

（5）调理饮食，改善情绪。情绪与饮食相关联，情绪受内分泌素的支配，食物对内分泌有调节作用。心情沮丧、烦躁易怒时，多吃蔬菜、豆类、家禽、动物内脏，它们多含维生素B_1及有利于心安的营养；少吃甘甜、油腻、辛辣之物。情绪低落、提不起精神或胡思乱想时，少吃甜食，以免加重体内糖类调节失衡，加重抑郁情绪。焦虑、不安、失眠者，多食瘦肉、动物肝脏，少吃味精、醋、胶制品、巧克力。焦虑郁闷者，多食土豆、通心粉，少吃萝卜、菠菜。

第4课 如何对待和接受心理咨询

曾经听到两位学生之间的这样一段对话。

“学校的心理咨询室你进去过没有？”

“没有，我为什么要去心理咨询室？我可没有精神病。”

“我今天看到班里的小黄同学去了心理咨询室，他看上去好好的，没有什么病，干嘛去心理咨询室？”

“真的吗？太奇怪了，或许他真有精神病，我们不知道吧！”

这两位同学的对话其实反映了很多人对心理咨询的一些错误看法。

究竟什么是心理咨询？什么人需要心理咨询？如何接受心理咨询？这些是我们迫切需要了解的。

心理咨询在近几年有较快的发展，不少中学纷纷成立了心理咨询室。咨，即商量；询，即询问。咨询就是商讨、劝告、质疑的意思。心理咨询就是心理咨询员借助耐心、真诚的交谈，与求咨者（咨询对象）建立融洽的咨询关系，给求咨者以启发、帮助、支持、指导，解决心理困扰，促进其人格不断完善及潜能充分发挥的一种心理帮助过程。

由此可见，不是有精神病的人才要去咨询，每个人都可以去咨询。当我们在学习、交往中产生紧张焦虑的情绪，不知该如何克服时；当我们与同学、朋友、老师、家长处不好关系而产生苦恼时；当我们产生厌学情绪或无法集中注意力进行学习时；当我们进入青春期，面对自己的体形变化不知如何对待时……都可以去心理咨询室，请心理咨询员为我们提供服务、帮助、疏导。

总之，通过心理咨询，可以使求咨者在认识、情感和态度、行为上有所变化，解决其在学习、工作、生活、交往等方面出现的心理问题，从而更好地适应环境，保持身心健康。

如果我们想去心理咨询，在踏入咨询室之前，要做好以下心理准备。

（1）要准备积极主动参与。不能像到医院去就诊那样，把病情向医生一说，就被动地等待医生开药方、配药。在整个咨询过程中，求咨者必须是一个积极主动的角色，心理咨询员往往只是配角，他的作用在于帮助求咨者自己面对现实，采取恰当的方法来解决自己的心理问题。心理咨询员是不能越俎代庖的。

（2）要建立强烈的求询动机。要想在心理咨询中取得满意的效果，必须要有改善或改变自己某一方面状况的真诚愿望。在去咨询以前，可以先给自己提两个问题："对自己目前的现状，确实不满意吗？""我确实愿意在某个方面、某种程度上改变自己吗？"如果回答是肯定的，就可以去心理咨询；如果回答是否定的，那么就很难从心理咨询中得到真正有价值的帮助。

（3）建立一个现实的心理咨询的期望。心理困惑、心理障碍不可能像感冒那样吃些药片就会很快治愈，它需要有一个过程，要耐心实施心理咨询员的指导计划，切不可因一时看不到明显的咨询效果就放弃。

（4）要打破"凡病须吃药"的老观念。求咨者不必非吃药不可（严重心理障碍者除外），"心病还须心药治"，心理咨询员真诚热情的态度，耐心的倾听，坦诚的忠告，悉心的指导，是医治心病的良方。

此外，在心理咨询过程中，尽可能地畅所欲言，不必有任何顾忌。因为我们在咨询谈话中所涉及的任何内容，都属于保密的范围。保密性，是心理咨询活动的第一原则，所有的心理咨询员都非常"刻板"地遵循这一原则。对任何人，包括我们的领导、老师、家长或同学、朋友，咨询员都一概保密。所以在咨询过程中，我们完全可以毫无顾忌地畅所欲言。

这就是心理咨询，在整个心理咨询过程中，我们是"主人"，而咨询员只是为我们服务的“仆人”。如我们不满意某一个咨询员，可以随时中止咨询，或要求调换咨询员。

当我们需要心理咨询时，就应该大胆地走进心理咨询室，让自己成为一个身心健康的人。

第5课 何谓心理治疗

心理治疗，又称为“精神治疗”，是一种运用心理学的理论与方法治疗心理疾病、疏导心理困扰的过程。从某种意义上讲，心理治疗是与心理疾患的形成过程对立的。我们已经知道，当一个人受到别人的语言、表情、动作或环境等的不良刺激后，就会产生不良的情绪反应，会积累成心理障碍。而心理治疗则是通过各种方法，运用语言和非语言的交流，去影响病人的心理状态，达到为病人排忧解难、降低心理痛苦的目的。可以说，同情、理解和支持是心理治疗的“良药”。具体地讲，心理治疗就是心理医生在与心理障碍者建立良好的治疗关系的基础上，运用各种方式对其进行帮助，以消除或缓解其心理问题或疾病，使其心理得以健康发展的过程。

那么，什么样的人需要进行心理治疗呢？笼统地讲，就是一切有心理障碍和疾病的人，都应当去接受心理治疗。具体地讲，据患者的程度不同，可以分为三种情况。

（1）行为明显地存在问题，但障碍者却没有明显的不适。譬如，有的学生课间休息时宁可一个人呆坐一旁，或者独自游逛，也不愿和其他同学交往。一旦置身于群体中，便感到不自在，无所适从，没有与人合作、共同游戏、相互交流的主观愿望。这些学生往往无法接受别人并改变其死板的生活规律。又譬如，有的学生做什么事都缺乏自信心，什么都不敢做，什么都做不成，等等。这类情况，虽然因其障碍形成的时间一般较长而不能在短期内治好，但是，只要有信心，还是可以逐渐矫正、治愈的。

（2）有些心理疾患者的病情可能是由于某种身体上的病因或某种精神上的压

力诱发的，属于一种纯心理上的问题。譬如，某初二男生，品德、学习都一直非常好，还是大队文艺委员。在长期的班级工作接触中，他发现中队文艺委员的影子老是出现在自己的脑海里，一静下来就会想起她，他感觉到这可能就是小说中所讲的“爱上她了”。他想把这种感觉告诉她，可又怕被她骂。于是，他写了一封“情书”，放在口袋里好几天，却始终不敢交给她，怕引起她的反感。左也不是，右也为难，这件事搞得他精神恍惚，学习成绩直线下降。像这样的学生就不能通过批评教育，让其提高觉悟来对待。所谓“心病还得心药医”，应当仔细剖析其心理现象，找到病根，解开症结，引导他走出迷谷。

（3）最严重的是一些精神上有明显疾患的病人，他们往往是精神上失去了同一性，或是人格产生了变异，难以同现实世界正常接触，甚至常常产生幻想、妄想，其思维、情感、言行都有明显的障碍。这些人往往是在现实生活中遭到了难以承受的精神上的打击。像这一类病人，有的可以通过咨询型的心理治疗来使其康复，有的必须配合药物治疗才能奏效。

那么，心理治疗有哪些类型呢？大体上可分为四种。

（1）分析型。帮助障碍者回顾以往的经验，分析内心世界，找到潜意识中的症结，使其领悟，并指导其改善自己的行为。

（2）认知型。帮助障碍者从自己的观念中找到影响自己心理健康的不正确的认知，并且矫正这些对人、对事的不正确的甚至是被扭曲了的认知，这样，其心理障碍也就随之消除了。

（3）行为型。通过树立榜样和仿效样板行为，并且对其仿效的结果不断地用奖励和惩罚来给予强化，使其行为慢慢地改进。

（4）人际关系型。通过改变其当前不和谐的人际关系，使病人的心理障碍逐渐消除。

心理障碍的治疗实际上是一种对特殊病例进行治疗的过程，可以根据障碍者的不同情况而采用不同类型的疗法和进程。但一般来讲，不外乎以下五个基本阶段。

（1）建立关系。即心理医生抱着尊重、理解病人的态度，真诚地对待病人，使其在治疗中始终感到心理医生可亲、可信赖，双方建立良好的信任、协作关系。

（2）诊断问题。根据尽可能得到的资料、情况，弄清障碍者的心理症结及其成因。

（3）制订目标。在此基础上，心理医生与障碍者共同制订治疗的目标。让障碍者在治疗的过程中，始终明白要解决哪些问题，应有什么改变，要达到怎样的效果，等等。

（4）干预影响。这是最关键的阶段。心理医生要与障碍者合作采用各种治疗手段和方法，去解决障碍者的心理问题和症结。

（5）巩固追踪。有些心理障碍并不是一下子就能根除的，情况基本稳定后，还要对其进行或长或短时期的追踪观察和巩固治疗，以确保治疗的最佳效果。

小结

我们每一个人或多或少都会遇到一些心理问题，加强自我心理保健，正确处理各种心理问题是我们要面对的人生课题。

当我们用全新的视角去分析困扰自己遇到的问题时，就会发现，许多使我们担忧、烦躁、焦虑的因素，事实上并没有那么可怕，有许多问题根本是庸人自扰。因此，只要改变观念，我们就能精神振作，充满信心。把考试作为对自己的挑战、对自己的超越，我们就能以最佳的心理状态投入到考试之中，发挥出自己的最佳水平。

心理训练营

心理健康自测

回答下面的问题时，自己过去和现在的情况中符合提问内容的在括号中记2分，有点符合的记1分，不符合的记0分，不清楚的也记O分。回答时不必仔细考虑，要尽快回答。

1．如果周围有喧嚷声，不能马上睡着。

2．常常怒气陡生。

3．梦中所见与平时所想经常不谋而合。

4．习惯与陌生人自如地说笑。

5．经常处于精神萎靡的状态。

6．经常希望好好改变一下生活环境。

7．不破除以前的规矩。

8．稍稍等人一会儿就急得不得了。

9．常常感到头有紧箍感。

10．看书时，周围发出的很小的声音也能敏感地察觉到。

11．不大会产生哀伤的心情。

12．常常思考将来可能会发生的事情，并感到不安。

13．一个人独处时，常常感到心烦意乱。

14．自以为从不对人说谎。

15．做事时，经常会因为一时慌张而完全失败。

16．经常担心别人对自己的看法。

17．经常以为自己的行动受别人的支配。

18．做以自己为主的事情，常常非常活跃，全无倦意。

19．常常担心发生地震和火灾。

20．希望过与别人不同的生活。

21．自以为从不怨恨他人。

22．失败后，会长时间地保持沮丧的心情。

23．过度兴奋时常常会突然神志昏迷。

24．即使最近发生了什么事故，也往往毫不在乎。

25．常常为一点小事而十分激动。

26．很多时候，天气虽好，却心情不佳。

27. 工作时，常常想起什么便突然外出。
28. 不希望别人经常提起自己。
29. 常常对别人的微词耿耿于怀。
30. 常常因为心情不好，感到身体的某个部位疼痛。
31. 常常会突然忘记以前的打算。
32. 尽管睡眠不足或者连续工作，也毫不在乎。
33. 生活没有活力，意志消沉。
34. 工作认真，有时却会产生荒谬的想法。
35. 自认为从没有浪费时间。
36. 与人约定事情常常犹豫不决。
37. 看什么都不顺眼，常常感到头痛。
38. 常常听见他人听不见的声音。
39. 常常毫无缘由地感到快活。
40. 一紧张就冒汗。
41. 比过去更厌恶今天，常常希望最好出些变故。
42. 自以为经常对人说真话。
43. 往往漠视小事而无所长进。
44. 紧张时，脸部肌肉常常会抽动。
45. 有时认为周围的人与自己截然不同。
46. 常常会粗心大意地忘记约会。
47. 爱好沉思默想。
48. 一听到有人说起仁义道德的话，就怒气冲冲。
49. 自以为从没有被父母责骂过。
50. 着急时，总是担心时间，频频看表。
51. 常常感到心脏和胸口发闷。
52. 不喜欢与他人一起玩游戏。
53. 常常兴奋得睡不着觉，总想干些什么。
54. 尽管是微小的失败，却总是归咎于自己的过失。

55．常常想做别人不愿意做的事情。

57．习惯于亲切和蔼地与别人相处。

58．心情常常随当时的气氛变化。

59．即使是自己身上发生了重大事情，也会如同看到别人出事一样思考。

60．往往因为极小的愉悦而非常感动。

61．心有所虑时常常情绪非常消沉。

62．认为社会腐败，不管怎么努力也不会幸福。

63．自认为从没有与人吵过架。

64．失败一次后，再做事情时会感到非常担心。

65．常常有堵住嗓子的感觉。

66．常常视父母、兄弟如路人一般。

67．常常与初次相见的人愉快交谈。

68．念念不忘过去的失败。

69．常常因为事情进展不如自己想象的那样而怒气冲冲。

70．自认为从没有生过病。

心理健康自我鉴定评分表

问题号码										合计	类型号码
1	8	15	22	29	36	43	50	57	64		1
2	9	16	23	30	37	44	51	58	65		2
3	10	17	24	31	38	45	52	59	66		3
4	11	18	25	32	39	46	53	60	67		4
5	12	19	26	33	40	47	54	61	68		5
6	13	20	27	34	41	48	55	62	69		6
7	14	21	28	35	42	49	56	63	70		7

计分方法

按照《心理健康自我鉴定评分表》，根据“类型号码”，把每种类型的分数按照表中所列的题号横向相加，分别填入合计栏中。例如，“类型1”各题的得分分别是：1题2分，8题1分，15题0分，22题0分，29题1分，36题2分，43题1分，50题2分，57题0分，64题1分，则：2+1+0+0+1+2+1+2+0+1=10，这个10分就填在类型1的合计栏里。其他各种类型也同样横向相加计分，然后填入相应的合计栏里。最后，将各合计栏里的分数相加，得出的总分就是心理症状指数。

评价

心理症状指数18～32的人，精神健康，没有什么不良征兆。

心理症状指数33～47的人，精神健康，但要检查一下某一症状类型的得分是否过高，如果这一症状类型的标准分高于3时，就要再一次地自我检查一下某一心理方面的健康状况，找出病因再对症治疗。

心理症状指数48～61的人，精神的健康状况一般，说不上健康。要彻底调整自己的健康状况，使心理症状指数达到47以下。

心理症状指数62～76的人，有些心理疾病的征兆，最好去请专科医生诊断，进行缜密的分析。在做自我评价时，自我检查一下哪一项症状最严重，以便决定和实行治疗的办法，要仔细分析症状严重的原因，并努力解除这个原因。

心理症状指数77～90的人，已经患有某种程度的心理疾病，一定要接受专科医生的诊断，安心治疗。尽管觉得自己没有什么问题却被旁人视为乖僻古怪，也不必过于忧心忡忡。心理上的异常大都是自己造成的，所以，首先要接受心理健康的诊断。不管怎样，重要的是及早发现，及早治疗（主要是心理治疗），早日恢复健康。

第八单元 端正个人审美观念，正确对待异性交往

“早恋”是一枚苦果

小陈是一名中学生，他一直暗恋同班的一名品学兼优的女孩小林。但他怕被拒绝，所以不敢向小林表白，只是默默地在一旁“守护”着小林。其实小林对小陈的一举一动都看在眼里，她也明白他的意思，但她觉得这个男孩配不上自己，便装作什么也不知道。突然有一天，一名帅气的外班男孩小张来找小林，并在众目睽睽之下拉了小林的手，而小林虽然表现羞涩却并没有拒绝。这全被以小林的“护花使者”自居的小陈看在眼里，他怒火中烧，冲上去就打了小张一拳。小张猝不及防地向后退了几步，鼻子流出了血。小林看到这一情形，不禁大哭了起来，并冲小陈喊到：“我喜欢的是他，你死心吧！我不可能会喜欢你的！”女孩的这番话深深地刺痛了小陈的心，他感到心痛、绝望，自此一蹶不振。他渐渐地不再认真学习，甚至开始接触社会上的不良青年，学着打架斗殴。因为他的不良表现，没过多久，他就被学校开除了。

小陈进入社会后，性情大变，与社会不良青年的接触更加频繁了。一年后，小林就要参加中考了，一天放学，小林和小张一起甜蜜地走出校园，穿过一片空地时，突然被几个人围了起来。从那几个人后走出来一个人，正是当初的那位“护花

使者”小陈。他用锋利的眼神扫视着小林，小林惊恐地望着他。这时，小张把小林推向一边，平静地说：“与她无关，找我！”在小陈带有杀气的手势下，一群人拥上去把小张一顿拳打脚踢，造成小张重伤。

经开庭审理，小陈虽然没有动手，但已构成故意伤人罪，导致伤者病情严重，被判有期徒刑4年。由于小陈未满16周岁，缓期1年执行。至此，一场由于青春躁动引起的暗恋未果事件，给一位正值青春期的孩子带来了牢狱之灾。

讨论

1. 通过上述案例，你能得出什么样的教训？

2. 青春期产生暗恋心理是一种正常现象，但我们要懂得正确处理这种心理。你有类似的经历吗？你是如何处理的？

第1课 正确认识美

爱美之心，人皆有之。伴随着青春期而来的身心变化，我们的爱美心理表现得尤为突出。我们对美有自己独特的情感体验，但由于对审美还缺乏经验、知识和能力，因而对美的感受往往是表面的、肤浅的，有时可能是不正确的。为了让青少年对美有一个比较正确、全面的认识，我们从以下几个方面来谈谈。

1. 美学是一门古老而年轻的学科

生活中到处都有美，生活中的人都喜爱美，美客观地、历史地存在于人类社会生活之中。在我们周围的生活环境中，存在着形态各异的美的事物：挺拔雄伟的崇山峻岭，旖旎秀丽的湖光山色，英雄的丰功伟绩，令人难以忘怀的情思，多姿多彩的艺术作品……现实中的美与丑，同善与恶一样，到处形成了鲜明强烈的对照，吸引着人们的注意。这些都是客观存在着的事实。大家都喜爱美，欣赏美，并不断地创造着美。由于人类审美活动的不断展开，作为专门研究人与现实之间审美关系的学科——美学，诞生了。

从历史上看，人类发现美、欣赏美以致从不自觉到自觉地在实践中创造美，是由来已久的。“美”字在我国最早见于商代甲骨文。“美”就是以羊头或羊角为装饰的人，也作“头上戴羽毛如雉尾之类装饰的舞人之形”解。从战国后期开始，随着物质生产的发展，精神生活的丰富，特别是文学艺术的繁荣，美学不仅得到了更为普遍的重视，而且深入到了文学、音乐、绘画、戏剧等各个艺术领域，并取得了较为出色的成果。在西方，美学研究的历史也是源远流长、学派众多的。但直到18世纪，在哲学和自然科学的推动下，美学发展才进入新的阶段。1750年，德国哲学家鲍姆加登的美学专著《美学》第一卷的出版，在美学发展史上具有划时代的意义。人类的审美意识和美学思想发展的历史是很古老的，但是美学作为一门学科，却又是十分年轻的。它是在人类历史的发展中，随着社会生产的发展，随着其他科学研究的不断深入，而逐步丰富和发展起来的。所以说，它是一门既古老又年轻的学科。

美作为一门学科，我们必须要了解它的四个特性：①形象性：美总是具体的、形象的，是凭着人们的审美感官可以直接感受的。②社会性：美必须依赖于社会，并随着社会的发展而发展。③感染性：美能唤起人们的愉悦心情，具有强烈的感人力量。美的感染性，既来源于对象宜人的感性形式，也来源于对象所显示的人的本质力量。④进步性：由于人的本质力量是一种前进的、积极向上的力量，因此，显示人的本质力量的美，也总是前进的、向上的、生机勃勃的。

2．提高青少年的审美认识

人类在实践活动中，不断创造着审美对象，也不断地提高着自己的审美能力。从实用感中派生出一种在对象中看到自身的力量，从而在情感和精神方面引起人们的爱好、喜悦、赞颂、高尚等愉悦感，称作“美感”。美感既受历史、民族、阶级的制约，又受个人的思想意识、文化修养与心理状态的影响，美感是人对本质力量的自我观照，只有人才具有，美感不同于生理上的快感和实用上的满足感。

我们处于青春期身心发展过程中，对美的追求往往表现为外表美，特别是对异性和明星外表的模仿。我们应通过提高自己的审美认识，尽可能地追求外表美和内在美的和谐统一。

一个人的外表美主要由生理美、修饰美、风度美三个部分组成。

（1）生理美。指人的相貌美、姿色美、身材美与肤色美等，是人体的自然美。身体强健、姿势端正、体态匀称是自然美的重要标志。人体自然美的第一要素是健康，它是人体自然美的基础和核心。

有些妙龄少女为了追求人体的自然美，为了追求线条美，常常束胸、束腰以求身材苗条，其效果往往事与愿违，影响身体的正常发育，破坏了青春美。

（2）修饰美。指衣着、发型、化妆等。郭沫若曾说：“衣裳是文化的表征，衣裳是思想的形象。”修饰要与自己的年龄、身体、职业、个性性格、爱好、气质等相协调，使人产生美感，在人体自然美的基础上锦上添花，否则将适得其反，产生不良的心理效应，或者破坏人体的自然美，或者使人恶心反感。修饰美在于整齐、清洁、朴实、大方。

（3）风度美。主要是人的精神美的外观，包括待人接物、言谈举止、礼貌等，也称为“态度美”。主要由行为美与语言美组成。①行为美主要表现为落落大方、谦让有理、热情开朗、表情自然、作风正派。扭扭捏捏、装腔作势、装模作样、举动放纵则是行为不美或行为丑的表现。②语言美表现为谈吐文雅、朴实无华与谦逊和气。能够沟通人与人之间的心灵，温暖人心。而故作斯文、卖弄词藻或冷淡尖刻、出言不逊给人带来不快、愤怒，有损人的身心健康。同时要注意，男孩要有男性阳刚之气，女孩要有女性温柔细腻之感，防止男性“女性化”、女性“男性化”。

光有一个美丽的外表是不完整的，必须要有美好的内心世界。精神美也称“内心美”，包括思想意识、道德、品质、情操、意志、智力、兴趣、爱好等。内心美是人类美的核心，是人类美的灵魂所在。正如奥斯特洛夫斯基所说，人美并不在外貌、衣服和发式，而在于他的本身，在于他的内心，要是没有内心的美，人们迟早会厌恶他漂亮的外表。只有做到内心美与外表美的和谐统一，才能达到完整之美。

3. 青少年怎样开展对美的欣赏与判断

欣赏者在欣赏过程中对美感的获得，同时也是对欣赏对象的美的肯定性判断的实现。欣赏者从生活和艺术中感受到美，是人们的审美心理结构三个基本层次——审美感受能力、审美经验能力和审美创造能力的综合表现。人的感官眼、耳、鼻、舌、身，有视觉、听觉、嗅觉、味觉、触觉等五种对审美对象形式美的感知能力。

从审美角度来说，视觉、听觉尤为重要。只有理解了的东西，才能更深刻地感觉它。要获得完善的美感，不仅要有健全的感官，还必须具有丰富的审美知识。审美能力离不开对审美知识的掌握。我们涉世未深，生活经验不足，许多事情闻所未闻，不可能对深奥的作品有较深的理解。因此我们一定要抓紧学习的好时机，注意从生活、思想、情趣、文化修养、爱好等诸方面努力增长知识和积累经验，逐步提高审美经验与能力。而审美能力的创造，是在整个审美感受和审美经验的基础上，充分发挥自己审美过程中的创造性和想象力，使自己的审美能力得到升华。

美的欣赏过程是主客观的统一过程。一方面，审美愉悦必须要以客观的美的存在为前提；另一方面，欣赏者还必须具有四个主观的条件：健全的审美感官，必要的审美修养，特定的审美心境，健康的审美观点。由于欣赏者年龄、性别、职业、文化素养、生活阅历、个性品质、审美心境等方面的不同，形成了审美趣味的差异性；又由于欣赏者所处历史条件、社会地位、生活环境等方面的大致类似性，导致了审美趣味大致上的共同性。审美趣味的差异性和共同性是相互渗透、密不可分的。审美标准不是固定的、统一的，但我们可以从以下三个方面来考虑：要符合事物存在、发展的客观规律性；要有利于人生的目的性；要考虑形式上的完美性。也就是从真、善、美三方面的统一中来把握审美对象。

生活中到处都有美，同样，生活中到处都有美的创造活动。美育又称“审美教育”，是培养全面发展人才的一个重要环节。美育是通过现实美与艺术美培养青少年的智力、良好个性与感受美、鉴赏美、创造美的才能的一种教育。美育的特点在于以情感活动为中介，通过潜移默化达到教育的目的。美育的根本问题，是培养什么人的问题。美育对青少年心理的影响表现为：①对青少年智力发展的作用，特别是对训练青少年视觉、听觉的感受与分化能力以及青少年的观察能力有着重要的意义。②对青少年个性发展、陶冶情操起潜移默化的作用。③对青少年形成健康的心理和良好的道德品质起巨大作用。④对培养青少年的艺术才能与正确的审美观点起决定性的作用。

4. 青少年怎样给人以美感

大家都看过健美和艺术体操表演吧。那运动员隆起的肌肤给人以力量和健康的美感；姑娘们苗条的躯体，随着优美的曲调弯曲伸张、旋转腾跃，有如流淌的水、荡漾的春风……人的形体如此美妙，这是大自然的骄傲、人类的自豪。

人的形体包括人体、容貌、发式、穿戴、姿态、风度等。人的形体美是由线条、形状、色彩等构成的，主要表现为形式美。姑娘有曲线美，小伙子有直线美；恰当的服饰、摆动的辫子也呈现出种种线条美。姑娘起伏的线条使其显得婉约、婀娜；小伙子平缓的线条使其显得刚健、洒脱。姑娘有柔和、雅丽、清秀的神采；小伙子有轩昂、俊逸、英气的神采。加上得体的、五颜六色的各种款式的服饰给予包装，难怪罗丹在《艺术论》中说：“没有比人体的美更能激起感官的丰富柔情了。”

与此相反，有的人形体不正，瘦弱无力，歪头探脑，鹅腿龟步；有的人奇装异服，不修边幅，袒胸露背，赤脚拖鞋；有的人头发脏乱，满脸污垢，牙齿发黄；有的人满口污言秽语，举止庸俗粗野，这些都是不美的形体。

古希腊哲学家亚里士多德说："美是一种善，之所以引起快感，正因为它善。"我们正处在青春发育期，对美的追求逐渐强烈，这是正常的心理活动，也是美好的需求。我们要注意仪表美，更要追求完善的美，使内心世界的心灵美与外在形象的仪表美协调。装束打扮与自己的身份、年龄、身材、性格和谐。

美，首先是心灵美，即人的内心世界的美。缺少这内在的美，即使穿着华丽、浓妆艳抹，也不会产生真正的美感。如《巴黎圣母院》中的卫队长，他头上戴着盔，手里提着剑，外表英俊潇洒、风度翩翩，但他内心肮脏，华丽的外衣无法掩盖他丑恶的心灵，这样的形象只能令人作呕。只有外在美和内在美高度统一才是完善的美。如我们的周总理有着革命家的襟怀、领袖的气质，有着对人民鞠躬尽粹的品格，在仪表上不论穿新衣、旧衣，还是布衣、毛料衣，总是那样整洁、庄重，精神饱满，美观大方，体现了他朴素的伟人风格。他为我们树立了完美形象的典范。这同他自青少年时代就开始接受良好的教育不无关系。

追求完善的美，要保持容貌的清洁，举止文明。坐、立、行走姿势合乎健美的要求，站要像松树那样挺拔，坐要像钟那样端正，行走要像风那样轻盈。读书写字时除坐要端正外，还应该注意胸要距桌子一拳，眼距书本一尺，手距笔尖一寸。正确的姿势有利于我们身体的正常发育、体形优美，进而保持振奋的精神状态。发型要合乎自己的身份，自然简便、整齐，显示青春朝气。穿着也要符合学生的身份，不要一味模仿成年人，应合体、适时、整洁、讲究场合，颜色、款式应反映出学生健康活泼、富有朝气的特点，做到朴素大方。

追求完善的美，要坚持体育锻炼。田径、球类、武术可以使人获得健康的躯体。体操、舞蹈则可使人获得美好的姿态。在平时的待人接物中，有意识地注意自己的行为举止，使自己的好的行为得到强化，克服不好的行为举止。要学习科学文化知识，进行思想品格的锻炼，陶冶自己的情操、品格，使自己内在的美和外在的美得到统一。

只有完善的人的形体，才能给人以美感，才能使自己从健美的躯体、优雅的姿态、美妙的神采中获得朝气、信心和力量。

第2课 如何融洽男女同学间的关系

人生是一幅丰富多彩的画。

十几岁的孩子由小学升入中学，就如同人生的旅途中豁然开朗地步入一个新的阶段。中学生身体的迅速发育，引发我们对自己成熟过程的强烈的自我体验；各方面的急速变化，促使我们走向社会，确定自己的人生理想，丰满自己的羽翼；我们要与父辈对话，同世界对话……总之，我们已不再是父母羽翼下的孩子，而是要到广阔天地中去闯荡的“小大人”。我们从在课桌上划“三八”线的顽童，变为爱在漂亮、英俊的异性面前自我表现一番，以此引起异性好感的“小大人”。

青春期的最初阶段，男孩女孩相处似乎比较困难，即使是童年时代很要好的异性朋友，这时也会不自然地退避。女孩月经的来潮，男孩遗精的出现，使彼此在自己身上发现了青春期的生理变化，明确了人类的性区别，随之产生了对性的害羞、困惑和疑惧心理。男孩女孩在学习、娱乐及各项活动中，界限分明，偶有接触，也显得很不自然，不像儿童时代那样无拘无束、天真烂漫。尤其是女孩，青春期的到来，使她们明显感到自己生理上的变化，羞耻感会油然而生，她们会紧束渐渐隆起的乳房，认为男女交往是不可思议的。在这个时期，男女同学只要悄悄说上几句话，甚至被老师叫到黑板前一起演算习题，都有可能引出蜚短流长，女孩会窃笑、讥讽，男孩会嘲弄、起哄，这就更使他们惧怕相互之间接近。虽然他们在内心都萌生着接近异性的愿望，但在外表上仍然以疏远甚至反感的形式表现出来，男孩女孩间“壁垒森严”。

其实，异性之间的交往是正常行为。但由于男孩女孩生理、心理、道德观念还不成熟，对社会的认识还较肤浅，所以在异性交往方面确实显得不知所措。那么，如何融洽这个时期男孩女孩之间的关系呢？

1. 异性同学交往时，要有正确的心态和观念

要培养健康的交往意识。提倡男孩女孩间广泛接触、友好相处、坦率地交往，满足对异性的心理需要。不管是男孩还是女孩，不要先把性别作为是否可以接触的前提。男孩女孩在同一个教室内学习，既然是同学，就不存在可不可以接触的问题，更不能人为地设置影响互相帮助、互相学习、共同进步的心理障碍。

2. 要在老师的指导下广泛地开展集体活动

多开展如体育游戏、文艺活动、参观访问、主题班会、学科竞赛、春游秋游等活动，在集体活动中互相增进了解、沟通情感、消除隔阂。要把青春期旺盛的精力集中在努力学习与发展兴趣、特长和追求进步上，使自己的生活丰富多彩，更加充实。有时，还可与老师进行一些交流，谈谈自己对异性的看法，以得到老师的理解和指导。

3. 学生时代的男孩女孩之间，应建立亲如兄弟姐妹那样的友谊关系

尤其是男孩女孩单独相处时，一定要理智处事，光明磊落，善于把握、控制好自己的感情。既要珍惜友谊，又要珍惜少男少女的贞洁，培养自己高尚的情操。既要大大方方，又要诚诚恳恳，还应注意接触的环境和场合，以免被他人误解。男孩女孩之间的友谊只要建立在彼此不欺骗、尊重自己也尊重他人的基础上，都应该被认为是真诚的、纯洁的、值得珍视的。倘若认为男孩女孩一接触，散几次步，谈几次心，就是谈情说爱，除此之外不会再有别的，那只能说明这种认识荒唐可笑又封建庸俗。因此，只要是纯真的异性同学交往，就不必理睬别人的冷眼、猜测、挖苦和嘲讽，身正何惧影歪。

4. 异性同学交往时，应平等相待、互相尊重、团结互助

不开过头玩笑，不讲低级下流话，不互相打闹挑逗。男孩要理解女孩的生理、心理特点，要主动关心、帮助女同学，要有保护女同学的责任感，要有道德规范的自制能力。女孩要举止端庄、稳重、得体、大方，要避免流露出对异性的过分热情与亲近，要理智地谢绝异性的爱慕与追求。

总之，男孩女孩在交往时要处理好理智与本能、需要与可能、友谊与爱情、现实与未来的关系，做到有分寸、有节制、有礼貌、有修养地交往。青春期的少男少

女内心世界丰富复杂，更需要别人的理解、支持，特别是需要同龄人的理解和支持，求得感情寄托。男孩女孩之间在学习上互相帮助，工作中互相支持，生活上互相照顾，这不但有利于形成良好的班集体氛围，同时，也只有在这样的环境中，我们才能使自己各方面得到较快的进步。

第3课 异性交往应该掌握分寸

我们鼓励男孩女孩正常交往，通过交往达到性格互补的目的，促使个性得到良好的发展。异性同学之间的交往，要有恰到好处的分寸，才能使交往正常发展。什么是分寸？分寸是指男孩女孩相互交往中的语言表达得体、体态从容大方、衣着打扮符合身份、行为活动恰如其分等。

1．语言分寸

语言是内心世界的自然流露。语言的美丑、雅俗能反映一个人的修养和素质水平的高低。在涉及两性问题上，语言的选择又具有传递信息的功能。我们的语言常有词不达意的情况，如表述不当，容易造成误解。如“喜欢你”“亲爱的”等词轻率地说出口，容易引起误解，显示出自己的轻浮。我们在与异性交往中要学会谨慎用词，力求表述准确。当然，还有一种情况，即有一些思想不健康的人，有意用庸俗、猥琐、低级，甚至下流的语言去刺激挑逗异性，以达到满足自己性欲望的目的，对此我们必须加以抵制与批评。总之，与人交往语言要规范化，最好讲普通话，与异性交往时更要如此。异性交往的语言要高雅一些，不要用侮辱性的词句，要注意礼貌用语，体现相互尊重。

2．体态分寸

体态是人的非语言交往行为，不管是有意还是无意，都是传递信息的一种符号。异性的一举手一投足、一抬头一弯腰，都体现着特定的态度，传递着特定的信息。因此，在彼此交往时，若体态举止失当，就会既丧失自尊，也轻视了他人。有的男孩在与女孩接触时表现出动作粗俗、拉拉扯扯、拍拍打打的行为，这就会引起别人的不快；有的女孩在与男孩接触时动作过于亲昵轻佻，也可能引起误解，还表现出自己的轻浮。我们以为，异性交往中体态要从容大方、温文尔雅，行为要恰如其分、自然而不做作。尤其不要动手动脚，不要开庸俗的玩笑。

3．目光分寸

目光接触，是人际交往中最能传神的一种非语言交往方式。在异性之间，所谓“眉目传情”“暗送秋波”，是一种情感表现。男孩女孩之间频繁地目光扫视或者长时间地注视，意味着感情的升级，就会引起对方的误解。掌握目光分寸，是一门艺术。异性同学之间交往时，目光要亲切，要正视，不要斜视、偷视，也不要流露出轻视的目光，要表示出对异性的尊重。

4．空间分寸

个体间的空间处理也是非语言交往的一种特殊形式。人际交往时保持的空间距离，是近还是远，能够表示出人际关系的亲与疏、融洽与戒备。异性交往中更要掌握这种分寸。美国人类学家爱德华·霍尔把交往中的个体空间分为四个区域：一是亲密距离。这是属于私下情境的交往距离，限于知心好友、情侣、夫妻、直系亲属之间，其距离约在15～44厘米之间，即所谓“肌肤相亲”“耳鬓厮磨”。二是个人距离。指个人在人群中的空间距离，如在银行取钱时与别人保持1米的距离，就是这个意思。另外，还有社交距离和公众距离。男孩女孩在交往过程中若能注意保持适当的距离，是一种有良好素养的表现。

5．声调分寸

男孩女孩之间谈话的声音不宜太响或太轻，在公开场合不要躲躲闪闪地讲悄悄话。声调要亲切、自然，不要粗声粗气。

6．衣着分寸

男孩女孩交往时衣着要朴素大方，符合学生的身份，不要着奇装异服或太露的服装，以免给人轻佻的感觉。

男孩女孩交往，确立分寸感，可以体现一个人的良好修养，给人以愉悦的感受。

第4课 认清“早恋”与淫秽出版物的危害

一、怎样对待所谓的“早恋”

我们常常听到“早恋”这个词，那么，什么才算是“早恋”呢？青少年在接受教育阶段，身心发育尚未完全成熟，生活不能自立，情感还处于朦胧状态，这时就急于建立一对一的关系，两者之间已不是普通的同学关系或友谊关系，而是一种专一、排他、有性爱成分并具有长远的甚至对婚姻的憧憬的关系，这种现象我们称之为“早恋”。从生理发育角度来看，十四五岁的少男少女已基本进入生理成熟期，生理成熟是性心理产生的基础。从情感上来说，“早恋”一般发生在少男少女的花季年龄，在这一年龄段，容易对异性产生好感。而且，这种感情不带有世俗的功利性，这种感情是以两性自然吸引为基础产生的最纯洁的感情，是非常可贵的。但“早恋”表现出来的特点和后果，往往遭到老师、父母的反对，也不为社会所同情和接纳。这是为什么呢？由于少男少女身心发育不成熟，情感不稳定，不善于控制自己的行为，有的甚至会做出偷吃禁果之类的事来，给心理留下阴影，给少男少女自身未来幸福生活的建立造成障碍。另外，“早恋”要占去很多时间和精力，消耗本来就囊中羞涩的金钱，影响学业，失去立志成才的大好时机。有一位中学生曾经这样后悔地自述：“由于双方频频约会，上课经常魂不守舍，心神不定、考试成绩大幅下滑，高中毕业文凭也差点拿不到，更别说考上大学了。”这位中学生的自述给我们敲响了警钟，“早恋”会使人过早体验人生“失恋”的痛苦，也往往会酿成人生的苦果。而且，少男少女“早恋”的对象往往是同伴、朋友，对异性的喜欢往往是表象的东西，随着时间的推移，双方的志趣、个性、价值观会发生变化，暂时的朋友往往不会成为终生的伴侣，那时就会造成“失恋”的痛苦，留下心灵的创伤。正因为多数“早恋”对少男少女的身心发展和学业产生负面作用，当感情的野马即将脱缰，踏入“早恋”的雷区时，或者已陷入“早恋”误区时，要正确对待。

1．不过早模仿成人

有些“早恋”是出于对爱情的好奇和模仿。影视、书报、成人之间的谈情说爱，使少男少女们感到好奇而趋于模仿。有的想理解一下两性之爱究竟是怎么回事，是什么感觉，寻找异性进行模仿，甚至像成人那样勾肩搭背、搂搂抱抱。他们有“吃不到的果子是最甜的”心理。这种把“爱情”当作猎奇对象的心理是非常有害的，奉劝少男少女千万不要做这种“爱情”游戏。

2．理智地控制自己的感情

苏联教育家苏霍姆林斯基说：“我们的任务，就是要在性本能刚觉醒之际，使他们的理智做好充分的准备。”这不但是对教育工作者的要求，也是对少男少女的要求。理智是人特有的属性，当恋情到来时，要用理智控制我们的感情。科学家、哲学家培根曾经说过：“一切真正伟大的人物，没有一个是因为爱情而发狂的人。因为，伟大的事业抑制了这种软弱的感情。”当我们有了远大的目标和高尚的情操时，就不至于为眼前的“恋情”所诱惑，就能自觉控制自己的冲动，以理智驾驭“青春之舟”的航舵了。

3．迁移、升华“早恋”的情感

迁移，就是把对某一事物的兴趣转移到其他事物上去。升华，就是把被压抑的感情转向更具有人生价值的文化活动中去。

4．正确对待他人的“早恋”

进入花季年龄的少男少女，男女之间的接触日渐多起来，就很容易成为大家议论的话题。如果看到班里男女同学接触次数多一些、谈话时间长一些、彼此态度亲近一些，只要他们的关系保持在一般同学关系的范围内，就不要风言风语、相互议论，以免问题扩大化。如果自己是当事人，听到同学的议论，要采取正确态度，有则改之，无则加勉，避免用逆反心理去“抗争”，以至弄假成真。

二、如何认识淫秽出版物的危害

淫秽书刊、影视录像、黄色网站，通过性的暴露，对人的性行为进行赤裸裸的描述，毫无文学、艺术和科学价值。我们阅读或观看以后，会使身心健康受到严重损害，甚至走上犯罪道路。淫秽书刊、影视录像和黄色网站在我国是禁止制作和出版的，因为它们带来严重的社会危害。

危害之一是，使青少年性罪错的人数迅速增加。进入青春期的青少年，由于性生理、性心理发生变化，渴望了解性知识，这是正常的。但是，有一部分青少年，由于无知或受人唆使，通过淫秽出版物来满足对性知识的好奇心，受到毒害，盲目模仿，造成性行为放荡，走上违法犯罪的道路。例如，某市有一位青少年出于好奇，看了一本淫秽书籍，以致不能自持，又连着看了好多本，最后沦为罪犯。某市一位工读生，在检讨如何被淫秽手抄本腐蚀时说：“我在读初一时月经来潮了，很想知道这方面的知识，一次偶然的机会看到一本黄色手抄本，看了一遍不大懂。到了初二，我想再看一遍，这次看懂了，里面描写的男女之间性活动的情景深深地印在我的脑中，有时控制不住自己的行为，就主动和男同学接近。有一次，在我控制不住自己的情况下失身了。以后，我就变得无所谓了，三个、五个、七个……头脑中老想着男女在一起进行性生活时的情景。”一个天真无知的女学生就此堕落了，谁是凶手？就是淫秽出版物！根据前几年某市少管所的调查，80%以上犯有性罪错的少年犯，都阅读、观看过淫秽出版物。

危害之二是，淫秽出版物腐蚀了青少年的灵魂，使一些青少年整天想入非非、萎靡不振。有一个初中班级，初一时是校先进集体，40多位天真纯洁的学生健康地成长。到初二上学期时，班上大部分学生偷偷传阅了一本黄色手抄本，半个月之后，这个班成了乱班，上课传“情书”，下课谈情说爱，期中考试成绩明显下降，还出现性罪错的情况。社会上，有些女青年看了淫秽出版物后，与男性胡搞，有的沦为娼妓，有的未婚先孕，人工流产，心灵受到创伤，造成终身遗恨。淫秽出版物败坏了社会风气，腐蚀了一代青少年，真是“一颗子弹打死一个人，一本坏书毁了一批人”。

危害之三是，对社会产生了严重的后果。表现在非婚生子女增多，强奸等性犯罪增加，破坏社会安定团结，造成严重的社会问题，如艾滋病的蔓延等。在美国，由于“性解放”等思想的影响，出版物的数量比较多，青少年性失误比较普遍，每年有50多万20岁以下的青少年生儿育女。这些人本身还是孩子，有不少人还在上学就当上了妈妈，担负起抚养孩子的重担，而且大多数是单身抚养。这成了美国的一个严重的社会问题。

对于淫秽出版物，在西方资本主义国家也是严格禁止的。10年前，美国掀起过一场大规模的反黄运动，但是成效甚微，其根本原因是黄色书刊能为资本家带来高额利润。我国是社会主义社会，在党和政府的正确领导下，文化出版部门把社会效益放在第一位。公安政法部门竭力保护人民的利益，保护青少年的健康成长，坚决打击出版和销售淫秽书刊与影视录像带的犯罪分子。相信淫秽出版物在我国一定会得到有效的控制。

我们要认识到淫秽出版物的严重腐蚀性与毒害性，自觉抵制淫秽出版物，自己不阅读、不观看、不传播，还要劝阻别人不阅读、不观看、不传播。要培养高尚的阅读、欣赏情趣，通过阅读优秀的文学作品和科学书籍达到了解社会、探索人生、增长知识的目的。

小结

“早恋”与淫秽出版物是我们在青少年时期需要面对的两大诱惑。这两者看似独立，却有着密不可分的因果联系。

青少年“早恋”的问题由来已久，但近几年这一问题尤为突出，主要原因就是淫秽出版物的影响。很多青少年在淫秽出版物长期的毒害下，产生了强烈的体验爱情的欲望，一有机会便会将这种欲望发泄出来，形成“早恋”。就这样，青少年陷入“早恋”的泥淖，荒废了学业。

因此，我们一定要抵制这两种诱惑，把全部的精力投入到学习中来。只有这样，我们才能为以后的人生负责。

心理训练营

意志力自测

1．在朋友家中，茶几上放着一盒你爱吃的巧克力，但你的朋友无意给你吃。当她离开房间时，你会　　　　（　　）

a.立即吞下一块巧克力，再抓一把塞进口袋里。

b.一块接一块地吃起来。

c.静坐着，抗拒它的诱惑。

d.对自己说："巧克力算什么？我很快就会有一顿丰富的晚餐了。"

2．发现好友未将日记锁好便离开房间，你一向很想知道她对你的评语，你会　　　　（　　）

a.立即离开房间去找她。

b.匆匆揭过数页，直至内疚感令你停下来为止。

c.急不可待地看，然后责问她居然敢说你好管闲事。

d.不被日记诱惑，照常做自己的事情。

3．从朋友小王的日记中发现了多个秘密，极欲与人分享，你会　　　　（　　）

a.立即告知小李，说小王迷恋她。

b.不打算告诉任何人，但会让小王知道你已经发现她的秘密，使她不敢太放肆。

c.什么也不做，和小王依然做好朋友，因为你能守住秘密。

d.请催眠专家帮助你忘记一切秘密。

4．正努力存钱准备年底旅行，但你看到了一条很适合在新年晚会上穿的裙子。

你会 （ ）

a.每次经过那间店铺时都蒙住眼睛，直至过完新年。

b.自己买衣料，缝制一条一样的裙子，但价钱便宜很多。

c.不顾一切买下它，宁愿哀求父母借钱给你去旅行。

d.放弃它，没有任何东西能阻碍你的旅游大计。

5. 多年没见面的小学同学聚会时，与你以前最要好的小明递过一支烟来，你会 （ ）

a.接过来，马上点火抽。

b.断然拒绝。

c.先接过来，再偷偷扔掉。

d.婉然谢绝，并劝小明戒烟。

6. 对新年许下的诺言所抱的态度是 （ ）

a.只能维持几天。

b.维持2～3年。

c.懒得去想什么诺言。

d.到适当的时候就违背它。

7. 如果能在早上6点起床温习功课，晚间便有更多时间令你做事更有效率。你会 （ ）

a.虽然每天早晨6点时闹钟叫醒你，但你仍然赖在床上直至8点才起来。

b.把闹钟调到5点半，以便能准时在6点起床。

c.约在6点半起床，然后洗热水浴使自己清醒。

d.算了吧，睡眠比温习更重要。

8. 领导委派你在6星期内完成一项重要任务，你会 （ ）

a.在委派后5分钟即开始进行，以便有充足的时间。

b.限期前30分钟才开始进行。

c.每次想动手时都有其他事分神，你不断告诉自己还有6星期时间。

d.立即进行，并确定在期限到来前两天完成。

9. 医生建议你多做运动，你会 （ ）

a.只在头一两天照做。

b.拼命运动，直至支持不住。

c.每天慢步去买雪糕，然后乘计程车回家。

d.最初几天依指示去做，待医生检查后即放弃。

10. 朋友想跟你通宵观看录像带，但你需要明早7点起来做兼职，你会（ ）

a.看到晚上9点半回家睡觉。

b.拒绝，好好睡一觉。

c.视情绪而定，要是太疲倦就告退。

d.看一整个通宵，然后倒头大睡。

计分标准

1.	a.1	b.2	c.3	d.4
2.	a.3	b.2	c.1	d.4
3.	a.1	b.2	c.3	d.4
4.	a.4	b.2	c.1	d.3
5.	a.1	b.3	c.2	d.4
6.	a.2	b.4	c.1	d.3
7.	a.2	b.4	c.3	d.1
8.	a.4	b.4	c.2	d.3
9.	a.3	b.4	c.1	d.2
10.	a.3	b.4	c.2	d.1

说明

如果你得分18以下：

你并非缺乏意志，只不过你只喜欢做那些你感兴趣的事。对于那些能即时获得满足感的工作，你会毫无困难地坚持下去。你很想坚持你的新年大计，可惜很少能坚持到底。

如果你的得分在18～30之间：

你很懂得权衡轻重，知道什么时候要坚持到底，什么时候要放松一下。你是那种坚守工作本分的人，但遇到极感兴趣的东西时，你的好玩心会战胜决心。

如果你的得分在31～40之间：

你的意志力简直惊人，不论任何人、任何事情都不会使你改变主意。但有时太执着并非好事，尝试偶尔改变一下，生活将会更充满趣味。